Historia de Tailandia

Una guía fascinante sobre el pueblo tailandés y su historia

© Copyright 2021

Todos los derechos reservados. Ninguna parte de este libro puede ser reproducida de ninguna forma sin el permiso escrito del autor. Los revisores pueden citar breves pasajes en las reseñas.

Descargo de responsabilidad: Ninguna parte de esta publicación puede ser reproducida o transmitida de ninguna forma o por ningún medio, mecánico o electrónico, incluyendo fotocopias o grabaciones, o por ningún sistema de almacenamiento y recuperación de información, o transmitida por correo electrónico sin permiso escrito del editor.

Si bien se ha hecho todo lo posible por verificar la información proporcionada en esta publicación, ni el autor ni el editor asumen responsabilidad alguna por los errores, omisiones o interpretaciones contrarias al tema aquí tratado.

Este libro es solo para fines de entretenimiento. Las opiniones expresadas son únicamente las del autor y no deben tomarse como instrucciones u órdenes de expertos. El lector es responsable de sus propias acciones.

La adhesión a todas las leyes y regulaciones aplicables, incluyendo las leyes internacionales, federales, estatales y locales que rigen la concesión de licencias profesionales, las prácticas comerciales, la publicidad y todos los demás aspectos de la realización de negocios en los EE. UU., Canadá, Reino Unido o cualquier otra jurisdicción es responsabilidad exclusiva del comprador o del lector.

Ni el autor ni el editor asumen responsabilidad alguna en nombre del comprador o lector de estos materiales. Cualquier desaire percibido de cualquier individuo u organización es puramente involuntario.

Índice

INTRODUCCIÓN 1
CAPÍTULO 1 - PREHISTORIA / HISTORIA TEMPRANA 4
CAPÍTULO 2 - PERIODO DE SUKHOTHAI (1238-1438) 10
CAPÍTULO 3 - PERIODO DE AYUTTHAYA (1350-1767) 17
CAPÍTULO 4 - EL PERIODO DE THON BURI (1767-1782) 22
CAPÍTULO 5 - EL COMIENZO DE LA DINASTÍA CHAKRI
(1782-1868) 27
CAPÍTULO 6 - LA MODERNIZACIÓN DE TAILANDIA Y EL
REINADO DEL GRAN RAMA V (1868-1910) 36
CAPÍTULO 7 - LOS ÚLTIMOS MONARCAS ABSOLUTOS DE
TAILANDIA (1910-1932) 40
CAPÍTULO 8 - LA MONARQUÍA CONSTITUCIONAL Y LAS
DICTADURAS MILITARES (1932-1945) 55
CAPÍTULO 9 - LUCHAS POR EL PODER EN TAILANDIA TRAS LA
SEGUNDA GUERRA MUNDIAL (1945-1973) 67
CAPÍTULO 10 - LA LUCHA POR LA DEMOCRACIA EN LA
TAILANDIA MODERNA (1973-2020) 82
CONCLUSIÓN 101
VEA MÁS LIBROS ESCRITOS POR CAPTIVATING HISTORY 103
BIBLIOGRAFÍA 104

Introducción

Aunque se dice que los primeros pobladores de Tailandia procedían de China y Vietnam, gran parte de su cultura se adaptó técnicamente de India, Camboya y China, y han recibido gran cantidad de influencias occidentales. A pesar de ello, Tailandia ha forjado su propia y rica historia, cultura e identidad nacional. El nombre de Tailandia en sí mismo tiene una historia de origen única y encierra un gran significado. Aunque la palabra Thai es una adaptación de la etnia tai, que llegó a Tailandia hace miles de años, adoptó el nombre "Thai" en 1238 tras la liberación de la población del opresivo dominio jemer. Thai se traduce como "libre", lo que significa que el nombre del país tiene múltiples significados, tanto el de "tierra de los tailandeses", como el del pueblo que la ocupa, como el de "tierra de los libres". Irónicamente, el país fue conocido como Siam durante la mayor parte de la historia, y el nombre solo cambiaría oficialmente a Tailandia cuando el país estaba bajo una dictadura militar autoritaria.

La historia de Tailandia se remonta a cientos de miles de años atrás, muchos milenios antes de la llegada de los tai. Aunque no se sabe mucho sobre el país antes del periodo de Sukhothai, que comenzó en 1238, los yacimientos arqueológicos han revelado que el territorio tailandés puede haber albergado una de las sociedades agrarias más antiguas del mundo y potencialmente el primer cultivo de arroz.

Los emigrantes de la etnia tai empezaron a llegar al territorio que hoy conforma Tailandia hace unos mil años, y hasta 1238 permanecieron bajo el dominio del Imperio jemer. Fue en 1238, al liberarse de sus gobernantes extranjeros, cuando los tai asumieron el nombre de "Thai", lo que marcaría el inicio de la formación de la singular historia cultural de Tailandia. Tras la liberación de la dominación extranjera, el país entró en el periodo de Sukhothai, una época a la que a menudo se hace referencia como la era dorada de Tailandia, ya que marcó la creación e introducción de gran parte de la cultura actual de Tailandia, incluyendo su lengua y religión.

A mediados del siglo XIV, el reino de Sukhothai fue absorbido por Ayutthaya, un reino cercano, y con el tiempo, la población crecería, desarrollando su cultura y permitiendo que el reino floreciera. Aunque el periodo de Sukhothai se conoce como la época dorada de Tailandia, el país se convertiría en una fuerza poderosa durante los 400 años del periodo de Ayutthaya. El reino de Ayutthaya sería finalmente derrocado por Birmania (la actual Myanmar), que seguiría amenazando a Tailandia durante el siglo siguiente.

Los que sobrevivieron al saqueo birmano de Ayutthaya emigraron a Thonburi, reconstruyendo su reino en torno a esta ciudad, que se convirtió en su capital. En 1782, el primer miembro de la dinastía Chakri subió al trono, y desde entonces han reinado como reyes de Tailandia en una cadena ininterrumpida. El rey Rama I, primer monarca de la dinastía Chakri, trasladaría rápidamente la capital del país de Thonburi a Bangkok, donde permanece hasta hoy.

Tailandia, o Siam, como se conocía entonces, sería dirigida por los reyes de la dinastía Chakri en una monarquía absoluta hasta un golpe de estado dirigido por civiles en 1932. Tras la ansiada revolución, el país fue dirigido brevemente por un gobierno democrático. Este gobierno democrático duraría apenas dos años antes de pasar a un gobierno militar y, finalmente, a una dictadura militar totalmente fascista y autoritaria. Desde la revolución tailandesa de 1932 hasta hoy, el gobierno ha cambiado repetidamente entre la democracia y los gobiernos militares autoritarios debido a los interminables golpes de estado, rebeliones, protestas y revoluciones.

Capítulo 1 - Prehistoria / Historia temprana

Antes de la Era Común - Principios del siglo XIII
Tailandia antes de la Era Común

Aunque se han encontrado fósiles de *Homo erectus* diseminados por toda Tailandia, recientes descubrimientos arqueológicos han determinado que los primeros habitantes permanentes de Tailandia se asentaron allí hace unos 40.000 años. Sin duda, el yacimiento arqueológico más importante e informativo de Tailandia, Ban Chiang, se descubrió en 1966 de forma totalmente accidental, cuando el hijo de un embajador estadounidense, Stephen Young, tropezó y se cayó, lo que le hizo ver una vasija de arcilla enterrada en el suelo. Ban Chiang, situado en el noreste de la provincia tailandesa de Udon Thani, contiene artefactos que se remontan al año 1495 antes de Cristo.

Puede que Stephen Young se tropezara con vasijas de cerámica, pero a medida que se realizaban más excavaciones, penetrando cada vez más profundamente en las capas estratigráficas de Ban Chiang, se revelaron más artefactos enterrados que dieron forma a lo que los historiadores conocen de la historia temprana de Tailandia. Los descubrimientos en Ban Chiang revelaron que los primeros habitantes podrían haber empezado a cultivar arroz justo después del año 1500 a. C. Otros yacimientos arqueológicos de Tailandia, como el de Non Nok Tha, donde se encontró cáscara de arroz en la cerámica, demuestran que el país pudo tener una agricultura de arroz húmedo en el año 3000 a. C. Esto es importante, ya que convertiría a Tailandia no solo en el hogar de la sociedad agraria más antigua conocida del Sudeste Asiático, sino también en una de las comunidades agrícolas más antiguas del mundo.

Además de los descubrimientos agrícolas, Ban Chiang contenía algunas de las primeras herramientas de producción de bronce y cobre conocidas en el mundo, lo que reveló que Tailandia podría haber tenido una de las industrias metalúrgicas más avanzadas de la época. Estas excavaciones centradas en los metales, realizadas en su mayor parte por Chester (Chet) Gorman y Pisit Charoenwongsa, encontraron restos de trabajos en metal, incluidos el bronce y el hierro, que se remontan al año 2500 a. C. y posiblemente al 3000 a. C. Si estos descubrimientos resultan exactos, Tailandia sería anterior a la metalurgia en el sudeste asiático en unos 1.000 años y podría contar con algunos de los primeros forjadores de bronce del mundo.

Entre la cerámica y las herramientas de forja de metal encontradas en el yacimiento arqueológico de Ban Chiang había cadáveres antiguos, que a menudo estaban enterrados dentro de estos objetos artesanales o junto a ellos, lo que indica que los primeros pobladores de Tailandia tenían entierros. Los cuerpos enterrados que se descubrieron no solo plantearon preguntas sobre los rituales tradicionales funerarios de los primeros pobladores, sino que también permitieron a los científicos realizar pruebas que luego conducirían a otros importantes descubrimientos históricos.

Algunos estudios realizados con isótopos estables en los dientes de las personas enterradas en Ban Chiang y otros yacimientos arqueológicos de Tailandia han llevado a los historiadores a concluir que la Tailandia prehistórica podría haber tenido un sistema matrilocal (en el que una pareja casada vive con los padres de la esposa o cerca de ellos). Esta conclusión se desprende de los resultados de las pruebas que descubrieron que las mujeres crecían con alimentos locales, mientras que los hombres parecían haber sido forrajeadores, viajeros o inmigrantes de algún tipo, ya que tenían acceso a una selección más amplia de alimentos. Los isótopos también revelaron la presencia de carbono, estroncio y oxígeno, lo que confirma el crecimiento de la agricultura. En conjunto, estos datos implican que los hombres inmigraban y se casaban con las sociedades agrarias, lo que sugiere que las mujeres podían tener un poder relativo y un estatus social elevado en aquella época.

Después de la Era Común - Los Tai

Aunque ya existía gente en Tailandia mucho antes de la Era Común, esta gente no era, de hecho, gente "Tai". Aunque existe mucho debate sobre los patrones de inmigración originales de Tailandia, se cree que los antepasados de los tailandeses, también llamados tai, procedían del sur de China y/o del norte de Vietnam. Incluso antes de inmigrar a la tierra que ahora se conoce como Tailandia, así como a otros países del sureste asiático, las primeras poblaciones tai, de alrededor del siglo I de nuestra era, hablaban tai-kadai, que se cree que era el mayor grupo etnolingüístico del sureste asiático. Durante la mayor parte de la historia, se mantuvo que los tai se originaron y vivieron en los valles del río Yangtze, en China, y que las dificultades les obligaron a extenderse por el sureste asiático, llegando finalmente a Tailandia. Ahora, muchos expertos e historiadores creen que los tai proceden de Dien Bien Phu, una ciudad del norte de Vietnam conocida ahora por las batallas de la primera guerra de Indochina. Los tai, independientemente de si proceden del norte de Vietnam o del sur de China, se extendieron hacia el sur, a Tailandia y Laos, así como hacia el norte y el oeste, a China, Myanmar, Vietnam e India. Esto explicaría por qué hoy existen grandes poblaciones con ancestros tai, no solo en Tailandia, sino también en Laos, Myanmar, China y Vietnam.

Se cree que los tai empezaron a emigrar a Tailandia hace unos 1.000 años, donde se asentaron sobre todo en los valles de los ríos del país. Tanto antes de asentarse en lo que hoy es Tailandia (en el primer milenio de la era cristiana) como después, los tai tenían una organización política, conocida como müang, que consistía en muchos grupos pequeños de aldeas gobernadas por un jefe o señor hereditario común, conocido como chao. Los historiadores creen que los puntos fuertes de este sistema político son los que permitieron a los tai emigrar y expandirse por el sudeste asiático como lo hicieron.

Los tai establecieron sus müangs en los valles a lo largo de los ríos de Tailandia, y sus pequeños asentamientos eran comunidades basadas en la agricultura. Muy pronto empezaron a cultivar arroz, pescar, buscar comida y domesticar animales, como cerdos y aves para comer y búfalos de agua para arar. Con el tiempo, los tai siguieron expandiendo sus comunidades por toda Tailandia, extendiéndose desde los valles del norte hasta el centro del país, que presentaba paisajes diferentes a los que estaban acostumbrados, como llanuras y mesetas. A medida que los tai emigraban hacia el sur desde Vietnam y/o China, poblando poco a poco Tailandia, entraban en contacto con imperios y centros comerciales extranjeros. Los más notables de estos imperios extranjeros fueron los reinos Mon-Jemer, que tuvieron una gran influencia en el pueblo Tai y, por tanto, en la actual cultura tailandesa.

Civilizaciones Mon-Jemer

Durante la emigración de los tai a lo que hoy es Tailandia, entraron en contacto con personas de los grupos etnolingüísticos mon-khmer. Se cree que los Mon, al igual que los Tai (al menos durante gran parte de la historia), son originarios de China. Los Mon se extendieron hacia el sur por el norte, el oeste y el centro de Tailandia y hacia el suroeste a través de Birmania, o lo que se conoce como la actual Myanmar. Como los Mon dominaban la mayor parte de lo que hoy es el este de Myanmar y el centro-oeste de Tailandia, establecieron rápidamente reinos centrados en su religión, el budismo

Theravada. El primero y más influyente de estos reinos Mon se conoce como Dvaravati, que se estableció en torno al río Chao Phraya alrededor del siglo VI. Aunque los mon habitaron Tailandia ya en el siglo VI, la mayoría de los actuales mon de Tailandia fueron desplazados desde Birmania entre los siglos XVII y XIX.

El Imperio jemer era un sistema político bien desarrollado, establecido principalmente en la actual Camboya, y que a menudo se considera el equivalente al Imperio romano en el sudeste asiático. Al igual que los mon, el pueblo jemer seguía mayoritariamente el budismo theravada, pero antes se basaba principalmente en el hinduismo, y muchos aún lo practicaban. La fuerza, el poder y la devoción del imperio jemer al hinduismo pueden atestiguarse en los enormes y extravagantes templos que se construyeron en la época. El más importante e impresionante fue Angkor Wat, construido en el siglo IX en Camboya. Ahora no solo es Patrimonio de la Humanidad de la UNESCO, sino también el mayor monumento religioso del mundo por superficie. Entre los siglos IX y XIII, los jemeres siguieron expandiéndose hacia el oeste desde Angkor por toda Tailandia, habitando sobre todo el este del país a lo largo de la frontera con Camboya. A pesar de la fuerza del imperio jemer, la mayoría de los actuales jemeres de Tailandia emigraron muchos años después tras ser desplazados por las guerras, al igual que los mon.

A lo largo de los siglos IV a IX, las poblaciones mon y jemer siguieron extendiéndose por Tailandia, y acabaron entrando en contacto con los inmigrantes tai entre los siglos IX y XII. Como los tai pronto se convirtieron en políticamente dominantes (a lo largo del siglo XIII), las poblaciones Mon-Jemer se desplazaron y asimilaron a la cultura Tai. Aunque los monjes jemeres perdieron su poder en Tailandia, su influencia sigue siendo evidente y fuerte, tanto en el pasado de Tailandia como en su cultura de identidad nacional actual. Los tai combinaron su sistema sociopolítico, su cultura y su lengua con la religión de los mons y el arte de gobernar y las ceremonias de los Jemeres para formar la cultura tailandesa distintiva que conocemos hoy en día.

Capítulo 2 - Periodo de Sukhothai (1238-1438)

Sukhothai antes del dominio tailandés

Antes de que la ciudad de Sukhothai se convirtiera en la primera capital de Tailandia (entonces conocida como Siam) y en la cuna de gran parte de la cultura tailandesa, era, de hecho, una ciudad jemer. A través del estudio de las ruinas de Sukhothai que aún se conservan, los historiadores han afirmado que los jemeres construyeron Sukhothai en algún momento entre el siglo XII y principios del XIII. Esta conclusión se debe a las similitudes de diseño y estructura con Angkor Wat y otros templos hindúes construidos por el imperio jemer en aquella época. La antigua ciudad se erigió, y aún permanece, aunque en ruinas, en la provincia tailandesa de Sukhothai, al noreste del país. Las impresionantes proezas de diseño de la ciudad de Sukhothai no solo comparten similitudes, sino que rivalizan con las de Angkor Wat. Al igual que Angkor Wat, la ciudad de Sukhothai es ahora venerada por sus sofisticadas presas, canales, embalses y otras hazañas de ingeniería hidráulica. Este avanzado y sofisticado sistema, que permitió a los futuros habitantes de la ciudad producir abundantes cosechas y evitar sequías e inundaciones, contribuyó sin duda a la prosperidad del reino de Sukhothai durante los siguientes 200 años.

Aunque las ruinas de Sukhothai siguen mostrando evidencias de la primitiva construcción de influencia hindú jemer, ahora se erige como una monumental ciudad budista, con influencias no solo jemer, sino también mon y tai. Esto se debe a los patrones de inmigración del pueblo tai, que llegó a Sukhothai poco después de la construcción. Se casaron con los locales y formaron müangs mientras permanecían bajo el dominio jemer. Aunque los tai incorporaron partes de la cultura jemer e hindú a la suya (lo que explica la influencia jemer en la cultura de la Tailandia moderna), el imperio jemer era autoritario y dominante. Los tai desafiaron la autoridad jemer y lograron independizarse y conquistar Sukhothai gracias a una combinación de inmigración masiva, que reforzó la población tai, y el poder ya en declive del Imperio jemer (esto se debió a una guerra separada a lo largo de finales del siglo XII y principios del XIII).

Establecimiento del reino de Sukhothai

La ciudad fue fundada por un jefe tai llamado Sri Indraditya en 1238. Recibió el nombre de Sukhothai, que se traduce literalmente como "amanecer de la felicidad". Tras la victoria sobre los jemeres, los tai pasaron a llamarse thais, y se fundó el reino de Sukhothai, con Sri Indraditya (que adoptó el nombre regio de Si Inthrathit) como rey. La palabra "thai" se eligió para diferenciar a los habitantes del reino de Sukhothai de los demás pueblos de habla tai dispersos por Siam (Tailandia), que aún estaba bajo dominio extranjero.

El rey Si Inthrathit gobernó el reino de Sukhothai, uniendo a los müangs y líderes tailandeses. Aunque Sukhothai siguió siendo una pequeña potencia durante su reinado, el rey Si Inthrathit es venerado y considerado una especie de "padre fundador" de Tailandia. El rey Si Inthrathit gobernó Sukhothai hasta su muerte en 1270, cuando su primer hijo, Ban Mueang, tomó el relevo siendo muy joven. Aunque gran parte de la historia anterior y durante el siglo XIII está rodeada de misterio, los historiadores saben con certeza que el gobierno de

Ban Mueang duró poco y que su hermano, el segundo hijo del rey Si Inthrathit, el príncipe Rama, se hizo cargo del reino de Sukhothai en 1278.

El rey Rama Khamhaeng

Fue cuando el tercer gobernante del reino de Sukhothai, Rama, tomó el poder cuando el reino realmente creció y prosperó. Cuando Rama tenía solo diecinueve años y era todavía un príncipe, ayudó a su padre a rechazar una incursión de Khun Sam Chon, el gobernante de Mae Sot, al que Rama combatió en un duelo de elefantes. Aunque muchos de los guerreros de Sukhothai huyeron, el joven Rama no solo aceptó el desafío, sino que venció a Khun Sam Chon. Debido a su valentía en la batalla, se ganó el nombre de Ram Khamhaeng, que se traduce como Rama el Audaz (o Rama el Grande.) Bajo el reinado de Ram Khamhaeng (también escrito como Ramkhamhaeng), los tailandeses llegaron a ser la población más numerosa de Siam.

Hasta su tercer gobernante, Sukhothai había permanecido bastante pequeña, aunque crecía lentamente y acumulaba cierta fortuna. Cuando el rey Ram Khamhaeng subió al trono de Sukhothai en 1278, siguió haciendo honor a su título de "Rama el Atrevido" y expandió rápidamente la influencia del reino de Sukhothai al resto de Tailandia y al sudeste asiático. Ram Khamhaeng extendió las fronteras del reino por toda Tailandia, desde la ciudad norteña de Sukhothai hasta la sureña Nakhon Si Thammarat. Ram Khamhaeng también amplió el territorio y el dominio del reino de Sukhothai a lo que se considera la actual península malaya, Laos, Myanmar y Camboya. Puso a Sukhothai en el mapa estableciendo relaciones diplomáticas y enviando enviados a China, que en ese momento estaba gobernada por la dinastía Yuan. Estas acciones ayudaron a impulsar el comercio entre los dos reinos, lo que fomentó y enriqueció la economía y la influencia del reino de Sukhothai.

Ram Khamhaeng hizo algo más que expandir el territorio del reino. Bajo su mandato, la ciudad de Sukhothai floreció gracias tanto a su rey como a la conveniente ubicación geográfica de la ciudad.

Sukhothai se encuentra en el norte de Tailandia, a lo largo del río Yom, entre las actuales Myanmar y Camboya. Esto significaba que, en aquella época, la ciudad de Sukhothai estaba a medio camino entre el reino birmano de Pagan y el imperio jemer. Debido a su conveniente ubicación a medio camino, Sukhothai y sus ciudades vecinas, también bajo el dominio de Sukhothai, se convirtieron en rentables centros de producción y comercio. La ciudad de Si Satchanalai, que se encuentra a solo 20 kilómetros más o menos de Sukhothai, se convirtió en el principal lugar de producción y exportación de cerámica del reino. Las demandas de los países y reinos vecinos, combinadas con el interés de Ram Khamhaeng por el arte, llevaron a la creación de una cerámica única en Sukhothai y Si Satchanalai. Los artesanos de Sukhothai y Si Satchanalai desarrollaron una cerámica adornada con un esmalte verde, que atrajo la atención de los países circundantes y se extendió por todo el sudeste asiático actual. Dicho esto, Sukhothai no solo era una importante ciudad comercial por su admirada cerámica y su conveniente ubicación, ya que gran parte del próspero comercio de la ciudad se debía a sus políticas fiscales. A diferencia de muchas de las ciudades comerciales de los alrededores, la ciudad de Sukhothai permitía comerciar con libertad, ya que no se añadían impuestos a los productos.

Aunque la ciudad de Sukhothai fue construida como una ciudad jemer, el budismo fue adoptado como religión oficial del reino durante el reinado de Ram Khamhaeng. A finales del siglo XIII, los habitantes de Sukhothai no solo eran devotos budistas, sino que la ciudad se convirtió en uno de los mayores centros budistas del mundo. Los sucesores de Ram Khamhaeng continuaron su labor de establecer el budismo en la región reclutando monjes de otras naciones budistas y construyendo templos budistas Theravada, muchos de los cuales siguen en pie hoy en día. Los habitantes de Sukhothai mostraron su devoción al budismo a través del arte y la arquitectura, desarrollando un estilo artístico y de diseño único que se extendió e influyó en futuras imágenes, estatuas y templos budistas.

Uno de los mayores y más influyentes logros del rey Ram Khamhaeng durante su vida fue la creación de la lengua tailandesa. Ram Khamhaeng inventó el sistema de escritura del idioma en 1283, que ha permanecido prácticamente inalterado. Esto significa que los escritos antiguos del siglo XIII pueden ser leídos todavía hoy por casi cualquier tailandés. Una de las piezas más importantes de la escritura antigua, que comprende la mayor parte de lo que hoy sabemos sobre el siglo XIII, es la piedra de inscripción que escribió el propio rey Ram Khamhaeng en 1292. La inscripción del rey Ram Khamhaeng es un pilar de cuatro lados grabado que cuenta la vida de Ram Khamhaeng desde su nacimiento, detallando los nombres de su madre y su padre —Nang Suang y Sri Indraditya— y que tuvo cuatro hermanos. A través de la piedra de la inscripción sabemos de la joven muerte de Ban Mueang, el hermano mayor de Ram Khamhaeng. Escribió cómo el reino de Sukhothai se extendió por el sudeste asiático, llegando a Phrae y Nan en Tailandia y a Vientiane, en Laos, al norte. Habló de que el reino se extendió a Nakhon Si Thammarat, el Hongsawadi de Mons y las orillas del río Mekong en el sur, el este y el oeste, respectivamente. La inscripción registra la invención de la lengua, y es el primer ejemplo de escritura tailandesa, aunque Ram Khamhaeng utilizó más palabras del vocabulario jemer que las que se usan habitualmente en tailandés hoy en día. La inscripción se divide en tres partes. La primera detalla principalmente la historia personal de Ram Khamhaeng, la segunda habla de la ciudad y el reino de Sukhothai, y la última, que parece haber sido escrita por una persona diferente, glorifica al rey tras su muerte. En la segunda parte se detallan los puntos de vista y los valores del reino de Sukhothai sobre la religión, la economía, la política y el derecho, que en gran parte no distan mucho de las creencias actuales.

Aunque el reino de Sukhothai solo existió entre 1238 y 1438, apenas 200 años, es literalmente el lugar de nacimiento y la columna vertebral de la rica cultura de la Tailandia moderna. La influencia y el impacto contemporáneos del reino de Sukhothai se deben principalmente al rey Ram Khamhaeng, que inventó la lengua tailandesa y adoptó oficialmente el budismo, lo que permitió que la religión se extendiera por todo el país. Además de crear la lengua del país y adoptar su religión, también ayudó al florecimiento del reino, dando lugar a muchas tradiciones importantes y avances artísticos y culturales.

El rey Ram Khamhaeng murió en 1298 y, aunque el reino existió durante unos 140 años más, fue perdiendo poder tras la muerte de Ram Khamhaeng. Tras el fallecimiento de Ram Khamhaeng, el reino de Sukhothai fue gobernado por su hijo, Loe Thai. El trono fue usurpado por el primo de Loe Thai, Ngua Nam Thum. Le siguió Li Thai (conocido como rey Maha Thammaracha I). Era hijo de Loe Thai, por lo que era primo de Ngua Nam Thum. Los gobernantes inmediatos que siguieron al rey Ram Khamhaeng son reconocidos sobre todo por seguir difundiendo el budismo theravada por toda Tailandia. Tal vez el logro más notable de estos reyes sea un texto titulado *Sermón de los Tres Mundos* (más tarde conocido como *Los Tres Mundos del Rey Ruang*), que fue escrito por Li Thai, que, en ese momento, era el heredero del reino de Sukhothai. La obra, escrita en 1345, no solo se considera la primera obra literaria tailandesa, sino que tuvo una influencia tan importante en el budismo que algunos historiadores la consideran el texto tailandés más importante jamás escrito.

Aunque la influencia del reino de Sukhothai disminuyó lentamente tras la muerte del rey Ram Khamhaeng, la gota que colmó el vaso fue el fallecimiento de Phaya ("Señor") Maha Thammaracha I en 1370. Además de su muerte, que provocó la retirada de muchos estados satélites del reino, el declive del poder del reino de Sukhothai se ha atribuido al establecimiento y fortalecimiento del reino de Ayutthaya, situado no muy lejos, en el sur. Además, se cree que hubo conflictos en el seno de las familias nobles y una disminución de la fertilidad de la tierra, lo que también habría influido mucho en el declive del reino de Sukhothai. A pesar de la prosperidad y afluencia del reino de Sukhothai, fue desafiado por el rey Borommarachathirat I de

Ayutthaya. El otrora floreciente reino de Sukhothai se vio obligado a someterse en 1378 y, con el paso de los años, se fue anexionando al reino de Ayutthaya. El reino de Sukhothai tuvo dos reyes más tras la anexión al reino de Ayutthaya. En 1438, el otrora gran reino de Sukhothai fue finalmente absorbido por completo por el reino de Ayutthaya.

El reino de Lan Na

Aunque el reino de Sukhothai está considerado como el primer, más fuerte y más grande reino Tai en lo que hoy es Tailandia, no fue el único reino Tai que reinó durante esta época. Otro influyente reino Tai también se formó durante el siglo XIII, y se llamó el reino Lan Na. El Lan Na, que es otro de los primeros grandes reinos Tai que existieron, y su capital, Chiang Mai, fueron fundados en 1292 y 1296, respectivamente, por Mangrai. Al igual que Sukhothai era originalmente una ciudad jemer que fue conquistada por los tai, Chiang Mai era originalmente una ciudad mon, conocida como Haripunjaya, que los tai acabaron conquistando con Mangrai como líder. El poder y la influencia de Lan Na crecieron con Mangrai y sus posteriores gobernantes. Permaneció independiente hasta el siglo XVI, unos 100 años después de la caída del reino de Sukhothai, cuando fue conquistada por Birmania (Myanmar). Aunque los reinos de Lan Na y Sukhothai tuvieron algún contacto durante sus reinados, concretamente durante una alianza realizada en 1287, los dos reinos no tuvieron mucha interacción. Esto se debe principalmente a las diferentes culturas y lenguas que se habían desarrollado en los dos reinos tai separados. Aunque el budismo Theravada se estableció como religión principal del reino de Lan Na durante el gobierno de Mangrai, no fue hasta Tilokaracha, que tomó el poder en 1441, que Lan Na se convirtió en un centro de difusión del budismo. Lan Na se hizo conocida por su literatura y enseñanzas budistas Theravada, que difundieron el budismo al pueblo tai por todo el sudeste asiático (incluyendo Myanmar y China).

Capítulo 3 - Periodo de Ayutthaya (1350-1767)

La formación de la ciudad de Ayutthaya

La ciudad de Ayutthaya, situada a casi 350 kilómetros (casi 220 millas) al sur de Sukhothai, fue fundada en 1350 por su primer líder, un tai llamado Ramathibodi I. Aunque se desconoce gran parte de la vida de Ramathibodi I, se cree que nació en 1314 y se casó con la hija del gobernante de U Thong (que ahora se conoce como Suphan Buri). Ramathibodi I se convirtió en el gobernante de U Thong, lo que explica que en la actualidad se le conozca simplemente como U Thong. Cuando Ramathibodi I se hizo cargo de U Thong en 1347, trasladó la ciudad ochenta kilómetros (unas cincuenta millas) al este, a una isla del río Chao Phraya. La nueva ciudad pasó a llamarse Ayutthaya, que se convirtió en la primera capital de Siam y siguió siéndolo durante más de 400 años. El reino de Ayutthaya fue en realidad la razón del nombre original del país, Siam, ya que los reinos y países vecinos se referían a la ciudad y a la población del reino de Ayutthaya con este nombre.

Al igual que el reino de Sukhothai, el reino de Ayutthaya se benefició de su momento, ya que emigraron a la ciudad de Ayutthaya durante el declive del Imperio jemer. Mientras los tai, liderados por

Ramathibodi I, ganaban poder, mantenían relaciones civiles con el reino de Sukhothai y centraban sus energías militares contra el Imperio jemer. Además de fundar Ayutthaya, el mayor legado de Ramathibodi I fue sentar muchas de las bases del sistema legal que se utilizó en Siam hasta el siglo XIX. Ramathibodi I pasó muchos años preparando a su hijo, Ramesuan, para que ocupara el trono, y así lo hizo a su muerte en 1369. Pero poco después, el poder fue tomado por Borommaraja I (también escrito como Borommarachathirat). El rey Borommaraja I reinó en Ayutthaya durante dieciocho años, en los que desafió y se apoderó del reino de Sukhothai, obligándoles a anexionarse parcialmente al reino de Ayutthaya.

El hijo de Borommaraja I, Thong Lan, heredó el trono en 1388, pero su reinado solo duró siete días, durante los cuales Ramesuan, hijo de Ramathibodi I, recuperó el poder. Cuando el rey Ramesuan arrebató el trono al hijo de Borommaraja I, muchos se disgustaron, ya que Ramesuan era extremadamente impopular. En su lugar, el poder fue otorgado a su tío, el príncipe Phangoa, conocido como Borommaracha I, que se convirtió en el quinto rey de Ayutthaya.

Ayutthaya pasó por muchos reyes más, sobre todo Borommarachathirat II, que gobernó durante la caída del Imperio jemer y la absorción oficial del reino de Sukhothai. Cuando Ayutthaya conquistó el Imperio jemer, ya se había expandido por todo el sudeste asiático y su reino había absorbido a gran parte de la antigua población jemer. Esto llevó a los reyes siameses de Ayutthaya a adoptar muchas de las prácticas hindúes de los jemeres, sobre todo el concepto de *devarāja*, o rey divino, que daba al rey un nivel de poder casi divino. Según la creencia del *devarāja*, solo se podía dirigir al rey en un idioma especial y solo podía ser visto por la familia real. También tendría el poder de condenar a muerte a cualquier persona de su reino.

Ayutthaya tras la absorción de Sukhothai

Borommatrailokanat, el octavo rey de Ayutthaya, más conocido hoy como Trailok, gobernó el reino entre 1444 y 1488, cuando se pusieron en práctica muchas de las primeras costumbres de influencia hindú. Trailok se centró en centralizar el poder político de Siam creando departamentos gubernamentales separados que serían administrados por trabajadores en lugar de la familia real. Estos trabajadores serían elegidos por el rey, que seleccionaría a aquellos que ayudaran a reforzar su poder administrativo. Durante el gobierno de Trailok se introdujo un sistema jerárquico, similar al sistema de castas de la India, que asignaba *sakdi na* (unidad o rango numérico) a las personas de las distintas clases sociales. Los rangos dentro de la sociedad se asignaban en función de la cantidad de tierra que se poseía. Los habitantes de Ayutthaya se dividían en realeza, nobleza y plebeyos. A su vez, dentro de la categoría de plebeyos, se dividían en esclavos y libres. Aunque la jerarquía establecía una clara separación entre las clases, existía la posibilidad de movilidad social mediante el matrimonio o las relaciones con alguien de una clase superior. La mayoría de la población de Ayutthaya, que se encontraba en la categoría de plebeyos, trabajaba en el campo. Aunque técnicamente no estaban esclavizados, los libres seguían teniendo una "deuda" con los representantes del rey y debían trabajar para ellos seis meses al año.

A pesar de la fuerte influencia del hinduismo en el reino de Ayutthaya, la mayor parte de la población era devotamente budista. La religión proporcionaba a los jóvenes varones libres la escolarización, ofreciendo la oportunidad de movilidad social a aquellos que deseaban permanecer para aprender dentro del orden social budista, conocido como la sangha.

Debido a la ubicación fácilmente accesible de Ayutthaya dentro del río Chao Phraya, que la conectaba con el golfo de Tailandia, la ciudad se convirtió en un importante centro comercial. Su conveniente ubicación resultó ser increíblemente importante durante el siglo en que los comerciantes europeos, empezando por los portugueses en 1511, comenzaron a viajar a Siam. A los portugueses les siguieron los holandeses, ingleses, españoles y franceses a lo largo del siglo XVII. Creían que Ayutthaya era la más grande y próspera de las ciudades del sudeste asiático, si no del mundo. El rey Narai de Ayutthaya puso a Tailandia en el mapa internacional e invitó a viajeros de todo el mundo a visitar la ciudad. Comerciantes europeos, chinos, indios y persas se instalaron en Ayutthaya, estableciendo lugares de comercio y empleando a misioneros. Además, Ayutthaya envió a sus propios misioneros para difundir el budismo por Sri Lanka, China y parte de Europa. Sin embargo, en 1688, los siameses expulsaron a los europeos debido a los insistentes y demasiado entusiastas misioneros cristianos franceses.

Los conflictos birmanos

A pesar de todos estos visitantes occidentales, los europeos no supusieron ninguna amenaza real para el reino de Ayutthaya, salvo quizás los misioneros demasiado entusiastas. Tampoco lo hicieron los países asiáticos de China, India y Persia. De hecho, el próspero reino de Ayutthaya se vio amenazado por el estado birmano de Toungoo, que estaba creciendo y expandiéndose rápidamente en la actual Myanmar. A finales del siglo XVI, Bayinnaung, el rey de Toungoo, ayudó a la dinastía a ascender hasta convertirse en el estado más poderoso del sudeste asiático. Durante su reinado, expandió el imperio a Laos y finalmente a Siam, donde Ayutthaya cayó en manos del rey birmano en 1569. Durante los quince años que siguieron a la conquista de Ayutthaya por parte de Birmania, muchos habitantes de Siam fueron deportados como esclavos, y los que se quedaron vieron cómo su ciudad, antaño próspera, era saqueada.

Con solo dieciséis años, un muchacho siamés llamado Naresuan fue nombrado vasallo por los birmanos, en sustitución de su padre, Maha Thammaracha. En 1584, Naresuan recuperó la independencia de Siam tras dirigir una operación militar en la que derrotó a los ejércitos birmanos y renunció a su lealtad a Toungoo. Ayutthaya volvió a prosperar bajo el reinado del rey Naresuan, que subió al trono tras el fallecimiento de su padre en 1590. El rey Naresuan sentó las bases de una fuerte fuerza militar de Siam, que consiguió no solo apoderarse de la capital camboyana, Lovek, sino también resistir los persistentes conflictos birmanos. Casi toda la presión birmana sobre Siam cesó en 1593 después de que Naresuan derrotara al futuro príncipe de Birmania. El país de Siam y el reino de Ayutthaya continuaron floreciendo y creciendo con los reyes posteriores.

El reino de Ayutthaya se mantuvo fuerte, resistiendo a las amenazas extranjeras y abriéndose internacionalmente durante casi dos siglos más después de que Naresuan recuperara la independencia del país en 1584. Sin embargo, entre los años 1765 y 1767, el reino de Ayutthaya entró en guerra con el Imperio birmano, conocida como la guerra birmano-siamesa o "guerra de la segunda caída de Ayutthaya". Como este último título indica, en esta batalla cayó finalmente el reino de Ayutthaya, de 400 años de antigüedad, siendo conquistado por los birmanos en 1767. Aunque el ejército siamés era fuerte, los birmanos, liderados por el rey Hsinbyushin, invadieron con un ejército mucho mayor, lo que finalmente llevó al saqueo final de Ayutthaya. Las batallas devastaron la ciudad, dejando en ruinas el otrora gran reino de Ayutthaya. Casi todo el arte y los registros de Ayutthaya fueron quemados, y la mayoría de las impresionantes hazañas de su antigua arquitectura fueron completamente destruidas. La mayoría de los guerreros siameses y del pueblo del reino de Ayutthaya fueron aniquilados, y los que sobrevivieron, como la familia real, fueron deportados como cautivos a Birmania. Aunque fue hace mucho tiempo, las repercusiones de la guerra birmano-siamesa siguen afectando a las relaciones entre las actuales Myanmar y Tailandia.

Capítulo 4 - El periodo de Thon Buri (1767-1782)

Las consecuencias de los conflictos birmanos

Tras la caída del reino de Ayutthaya en 1767, la otrora próspera ciudad de Ayutthaya quedó en ruinas, y la mayoría de los soldados birmanos que habían colaborado en el saqueo y la toma de la ciudad regresaron a lo que se considera la actual Myanmar. Aunque la mayoría de los civiles de Ayutthaya murieron en las batallas o fueron llevados como cautivos a Birmania, algunos siameses consiguieron huir antes de que el reino se pusiera de rodillas. Los habitantes de Ayutthaya que quedaban se reunieron en clanes en las provincias cercanas, pero como ahora necesitaban un líder, los responsables de los clanes, en su mayoría los gobernadores que quedaban y otros hombres de importancia procedieron a luchar para ganarse el título de rey.

Un antiguo gobernador conocido como Taksin acabó erigiéndose como el líder obvio y se convirtió en el rey de los restantes habitantes de Ayutthaya en 1767. Taksin nació en 1734 en la ciudad de Ayutthaya de madre siamesa (tailandesa) y padre chino. Se cree que Taksin se enroló en el servicio gubernamental y ascendió hasta el rango de gobernador antes de la caída del reino de Ayutthaya.

Durante las batallas birmanas, Taksin fue llamado para ayudar a dirigir y defender la ciudad y su reino de la amenaza birmana. Aunque él y sus tropas lucharon junto a los soldados siameses en defensa de Ayutthaya, se cree que a finales del año 1766 o a principios de 1767, antes de que los birmanos tomaran la ciudad, el gobernador Taksin y sus tropas abandonaron la capital y se pusieron a salvo en las provincias de los alrededores.

Asentamiento en Thonburi

Una vez coronado, el rey Taksin comenzó a conducir a sus seguidores río abajo hacia la costa oriental, viajando hasta que se establecieron en Thonburi, a unos noventa kilómetros (cincuenta y seis millas) al sur de Ayutthaya. A lo largo de todo el viaje, desde su salida inicial de Ayutthaya hasta su destino final de Thonburi, el rey Taksin y sus tropas se toparon con las tropas birmanas y las derrotaron, lo que le valió al rey Taksin la reputación de líder militar formidable. A medida que esta reputación se extendía por las provincias cercanas, muchos hombres se unieron a las tropas del rey Taksin, lo que ayudó a fortificar su poder y, finalmente, la ciudad de Thonburi.

El rey Taksin eligió estratégicamente establecerse en Thonburi, que se encuentra justo al otro lado del río Chao Phraya desde la actual Bangkok, ya que sería difícil que las tropas birmanas restantes accedieran a ella y, al mismo tiempo, sería un lugar accesible para el comercio. A la llegada del rey Taksin y sus tropas, Thonburi fue nombrada capital de Siam, y los hombres de las provincias circundantes continuaron uniéndose a las tropas del rey Taksin, que finalmente se convirtió en un poderoso ejército. Poco después de llegar a Thonburi, el rey Taksin se dedicó a recoger armas, reforzar su ejército y organizar una resistencia contra los invasores birmanos que aún permanecían en el país. Una vez que el rey Taksin hubo hecho esto, él y sus tropas volvieron a Ayutthaya y consiguieron arrebatar la ciudad a los birmanos en solo dos días. Tras el arduo dominio birmano en Siam, el rey Taksin expulsó a los birmanos restantes del país, liberando Siam una vez más.

Aunque el país ahora conocido como Tailandia fue liberado, estaba lejos de estar unido. Durante el dominio birmano, el pueblo de Siam se había dividido en muchas facciones, todas ellas en lucha y desorganizadas. El rey Taksin conquistó las facciones y, en 1770, había unificado el país.

Aunque la mayoría de los logros de Taksin están relacionados con el ejército, el rey ayudó a reiniciar y rehabilitar la economía tailandesa. Gracias a las relaciones exteriores del rey Narai antes de la caída de la ciudad de Ayutthaya, el país ya había desarrollado relaciones comerciales con China. El rey Taksin aprovechó estas relaciones existentes e invitó a artesanos y comerciantes de China a establecerse en Thonburi. Poco después de unir el país de Siam, el rey Taksin restableció la economía, gracias a los comerciantes chinos y a los impuestos que estableció. Durante su mandato, también reforzó las relaciones comerciales con países europeos, como Gran Bretaña y los Países Bajos. El rey trabajó para desarrollar Thonburi e hizo construir, renovar y restaurar carreteras, canales y templos. Durante su reinado, el rey Taksin también revitalizó las artes en Tailandia, centrándose principalmente en la literatura, ya que casi todas las obras siamesas anteriores habían sido destruidas en el asedio birmano.

Aunque el reino de Thonburi solo existió mientras el rey Taksin estuvo en el trono, apenas quince años, esta época sigue siendo uno de los primeros periodos más expansivos de Tailandia. En 1769, no mucho después de llegar y establecerse en Thonburi, el rey Taksin dirigió sus tropas para conquistar Korat, que es ahora la mayor provincia de Tailandia, y Camboya. En 1772, volvió a Camboya y atacó de nuevo para afirmar su poder, sustituyendo a su rey por un príncipe camboyano de su elección. En 1774, el rey Taksin anexionó la ciudad y el reino de Lan Na, que existía desde el periodo de Sukhothai, pero había sido tomado por los birmanos, y la ciudad fue absorbida por el reino de Thonburi. En 1776, el rey Taksin había absorbido a casi todas las tribus de Tailandia y había unificado realmente el país, que había estado formado en su mayoría por pequeñas facciones separadas. Al final del reinado de Taksin, Siam y el reino de Thonburi se habían expandido para incluir gran parte de la actual Tailandia, la península malaya, Laos y Camboya.

El fin del reinado de Taksin

Sin embargo, a pesar de todos los logros y realizaciones del rey Taksin durante sus quince años de reinado como rey de Siam y Thonburi, en 1782 se vio obligado a dimitir y fue ejecutado. Se dice que, a principios de la década de 1780, el rey Taksin empezó a perder la cabeza, y muchos documentos hablan de su, lo que ahora llamaríamos, inestabilidad mental. Al parecer, el rey Taksin empezó a creer que avanzaba hacia la condición de Buda y trató de imponer a sus seguidores la creencia de su divinidad. Estas acciones provocaron rebeliones y descontento entre el pueblo unido de Siam, hasta el punto de que el rey Taksin estuvo a punto de deshacer todo lo que había conseguido durante su reinado. El país de Tailandia y el reino de Siam probablemente se habrían desmoronado de no ser por una revolución que estalló en Bangkok, y sus ministros decidieron finalmente ejecutarlo. El rey Taksin fue sustituido en 1782 por Chao Phraya Chakri, que era gobernador y jefe de campaña en Camboya en ese momento. Chao Phraya Chakri sería conocido posteriormente como el "Gran Señor" Rama I y el fundador de la dinastía Chakri.

Aunque el reinado de Taksin duró poco y al final fue destronado y ejecutado, se le considera un héroe en la historia de Tailandia. Durante sus quince años de reinado, libró al país de la amenaza birmana, que había destruido el reino de Ayutthaya y causado tanto sufrimiento al pueblo de Siam. También unió el país de Siam y amplió sus fronteras para incluir gran parte de la actual Tailandia. Estos, junto con muchos otros logros, son la razón por la que se le conoce hoy como "Rey Taksin el Grande". El 28 de diciembre, fecha en la que fue coronado como rey de Siam en 1767, se celebra en Tailandia el Día del rey Taksin. Existe un santuario erigido en Wat

Lum Mahachai Chumphon, donde se dice que el rey se detuvo en su camino para liberar Ayutthaya del control birmano. Hoy en día, muchos, tanto tailandeses como visitantes chinos, van allí a rezar el día del rey Taksin.

Capítulo 5 - El comienzo de la dinastía Chakri (1782-1868)

Reinado de Rama I (r. 1782-1809)

Tras la llegada del rey Taksin y su gente a Thonburi, Chao Phraya Chakri se incorporó y ascendió en las tropas del rey Taksin hasta alcanzar el alto cargo de comandante militar de las provincias del norte. Durante el periodo de Thonburi, dirigió las tropas tailandesas en Laos, Camboya y los estados malayos y fue considerado uno de los generales más ejemplares de Taksin. De hecho, se encontraba en una campaña en Camboya cuando empezaron a producirse las rebeliones contra Taksin, y fue llamado a ocupar su lugar a principios de 1782. Fue coronado como nuevo rey el 6 de abril de ese año y pasó a ser conocido como Rama I, Phra Phutthayotfa Chulalok ("el Buda en lo alto del cielo y la corona de los mundos"). Sería el primero de su familia en gobernar, y sus descendientes seguirían reinando el país ahora conocido como Tailandia, con Rama X de la dinastía Chakri reconocido como rey de Tailandia en la actualidad.

Una de las primeras medidas de Rama I como rey fue trasladar la capital del país de Thonburi a Bangkok, que, por supuesto, sigue siendo la capital de Tailandia en la actualidad. En aquella época, Bangkok estaba poco desarrollada y era, en comparación con

Thonburi o Ayutthaya, todavía una pequeña aldea. El rey Rama I hizo construir nuevas infraestructuras, con palacios y templos budistas de un estilo elaborado muy similar al de los diseños de Ayutthaya. Gracias a la creación de estos templos un tanto grandiosos, Rama I pudo reforzar la religión budista en todo el país. Durante su reinado, pidió que se tradujeran al tailandés muchos de los textos budistas esenciales, lo que ayudó a establecer la sangha, que se refiere a la orden monástica en el budismo.

Rama I también se centró en restaurar el arte y el patrimonio cultural de Tailandia, que se había perdido en gran parte durante el saqueo birmano de Ayutthaya. Esto fue más fácil debido a que el predecesor de Rama I, el rey Taksin, ya había intentado revivir algunas de las costumbres culturales artísticas. Rama I hizo traer muchas obras literarias de otros países, concretamente de la India y China, además de otras, y animó encarecidamente a los ciudadanos de Bangkok a volver a interesarse por las artes, lo que sin duda ayudó a sentar las bases de gran parte de las artes y el patrimonio cultural de Tailandia a lo largo de la historia y en la actualidad.

Aunque el rey Taksin había expulsado a las tropas birmanas de Siam durante el periodo de Thonburi, el reino birmano seguiría amenazando al país tras el traslado de Rama I a Bangkok. Serían una amenaza hasta 1820, cuando el ejército británico obligaría a las tropas birmanas a regresar a su país y defender su reino. El primer ataque birmano durante el reinado de Rama I se produjo en 1785. Fue una invasión masiva, y las tropas de Rama I apenas pudieron combatirla. Aunque fue difícil, las tropas siamesas consiguieron repeler los ataques birmanos de 1785, así como los de 1786, 1787, 1797 y 1801, aunque estos últimos fueron a una escala mucho menor. El rey Rama I seguiría reforzando sus tropas y expandiendo el reino por el sudeste asiático. A principios del siglo XIX, tanto bajo el reinado de Rama I como de Rama II, la dinastía Chakri había extendido su poder a gran parte de Laos, Camboya y Vietnam.

Hacia el final de los veintisiete años de reinado de Rama I, este publicó la primera forma escrita de la ley tailandesa y promulgó amplios códigos de leyes y rituales judiciales. Esta codificación del derecho, que se completó en 1805, se adaptó a partir de leyes que se remontan al rey Ram Khamhaeng del reino de Sukhothai. Dicho esto, muchas de las leyes cristalizadas por Rama I eran las establecidas a lo largo del periodo de Ayutthaya, y se derivaban tanto de las prácticas hindúes como de las budistas. Este conjunto de leyes escritas revisadas se conocía como la Ley de los Tres Sellos, y permanecería casi completamente inalterada hasta el reinado de Rama V en 1882. Rama I reinó como primer rey de la dinastía Chakri hasta su muerte en 1809. Le sucedería su hijo, que sería conocido como Rama II.

Reinado de Rama II (r. 1809-1824)

Rama II, también conocido como Phraphutthaloetla Naphalai, fue el segundo gobernante de la dinastía Chakri. Su reinado fue bastante corto, pues solo duró 15 años, y durante ese tiempo contribuyó a la reconstrucción de las artes, el patrimonio y las tradiciones culturales de Tailandia. Rama estaba enamorado de las artes, en concreto de la poesía, y fue bajo su reinado cuando el gran poeta tailandés Sunthon Phu escribió algunas de sus obras más influyentes, consideradas como algunas de las mejores obras poéticas de Tailandia jamás escritas. Rama II era también un artista dotado. A lo largo de su vida, escribió muchos poemas famosos, como una conocida interpretación dramática de Inao y Sang Thong, que es un popular drama de danza.

Aunque el rey Taksin había mantenido relaciones con China, la mayor parte de las relaciones exteriores de Tailandia estaban cerradas desde el gobierno del rey Narai durante el periodo de Ayutthaya. Bajo el gobierno de Rama II, Siam volvió a conectar con Occidente, concretamente con Portugal en 1818 y con Gran Bretaña en 1822.

Durante el gobierno del rey Rama II, Tailandia vería su primer brote de cólera, una enfermedad que seguiría asolando el país durante años. El primer caso en Tailandia se remonta a 1820. Para intentar luchar contra la plaga, el rey Rama II ordenó a la población que se quedara en casa sin trabajar y que se concentrara en observar sus prácticas budistas. Este decreto de permanencia en casa ayudó a librar al país del cólera por el momento. A pesar de que la cuarentena ordenada por el rey Rama acabó funcionando, se estima que probablemente unas 30.000 personas murieron a causa del brote.

Rama II gobernaría Tailandia desde la muerte de su padre en 1809 hasta su propia muerte en 1824, y le sucedería su hijo, que sería conocido como Rama III. En comparación con el gobierno de su padre, la época de Rama II como rey fue mayormente pacífica, lo que le permitió centrar gran parte de su energía en la reactivación de las artes y la cultura en Siam, sentando las bases posteriores de la riqueza artística y cultural de Tailandia en la actualidad.

Reinado de Rama III (r. 1824-1851)

La sucesión de Rama III en el trono se considera un hecho extraño y poco común. Su padre, Rama II, al igual que la mayoría de la realeza tailandesa de esta época, tenía muchas concubinas —es decir, una amante con un estatus inferior al de esposa— además de su mujer, que fue la reina de Siam hasta la muerte de su marido. Rama III, también conocido como Nangklao, nació el 31 de marzo de 1788 en Bangkok de una de las concubinas de Rama II. Aunque Rama II tenía un hijo legítimo, el príncipe Mongkut, Nangklao (Rama III) fue elegido para gobernar a la muerte de su padre.

Esta extraña elección por parte del consejo de sucesión se debió a que, desde muy joven, Nangklao (Rama III) fue encargado de supervisar el comercio y las relaciones exteriores del país, lo que le hacía más experimentado que su hermano. Esta experiencia explicaría por qué gran parte de lo que se escribe y recuerda sobre el reinado de Rama III está relacionado con las relaciones exteriores.

A lo largo del inicio de la dinastía Chakri, Gran Bretaña había amenazado cada vez más al reino birmano, lo que beneficiaba a Siam, ya que a estas alturas había estado luchando con los birmanos durante muchos siglos. No fue hasta que Gran Bretaña aumentó su ejército en lo que hoy es Myanmar que los birmanos dejaron de ser una amenaza para la dinastía Chakri. La guerra se declaró finalmente entre Gran Bretaña y el reino birmano en 1824, y su proximidad a Siam hizo temer a Rama III que el poderoso ejército británico acabara atacando también su reino. Este pensamiento llevó a Rama III a aceptar la firma del Tratado de Burney de 1826, que abarcaba principalmente acuerdos comerciales y económicos. Los británicos no habían conseguido que el rey Rama II firmara este acuerdo en 1822, ya que era ciertamente menos abierto a Occidente que su sucesor. El Tratado Burney permitiría por fin a los comerciantes ingleses operar en Bangkok; sin embargo, el tratado tenía cláusulas bastante limitadas y elevados impuestos, lo que llevaría a establecer un tratado más estricto más tarde, en 1855, tras la muerte de Rama III.

Aunque se habían establecido relaciones diplomáticas entre Tailandia y Estados Unidos, probablemente por Rama III cuando supervisaba las relaciones exteriores del país, no se firmaron acuerdos oficiales entre ambos países hasta 1833. Ese año, Estados Unidos y Tailandia firmaron el Tratado de Amistad y Comercio, cuyo primer artículo afirmaba que los dos países tendrían paz perpetua. Los otros nueve artículos del tratado establecían esencialmente las normas de comercio y de intercambio, como que los ciudadanos de Estados Unidos tuvieran libertad para entrar en Siam a través de sus puertos para vender y comprar en los numerosos mercados del país. Este acuerdo es, de hecho, el primer tratado de los Estados Unidos de América con un país asiático. Los tratados entre el reino de Siam y los Estados Unidos, así como entre Gran Bretaña, que se establecieron principalmente para permitir a los comerciantes extranjeros comprar y vender en Siam, tendrían un gran impacto en las infraestructuras de Tailandia durante el resto de la historia.

El reinado de Rama III también conduciría a un mayor fortalecimiento del ejército siamés. A lo largo de las décadas de 1830 y 1840, bajo el liderazgo de Rama III, el reino de Siam continuó estableciendo y afirmando su dominio militar en todo el sudeste asiático, concretamente en Camboya y Laos, donde luchó para defender a los dos países mencionados de los vietnamitas. Este periodo también marcó un cambio entre Siam y Kedah, actual Malasia, que Siam ocupaba desde principios del siglo XIX. En 1837, tras la muerte de la madre de Rama III, muchos de los funcionarios destinados en Kedah regresaron a Siam. Este espacio permitió que Kedah lograra por fin lo que llevaba intentando desde hacía más de una década, que era lanzar una rebelión en 1838 contra los siameses. Tras la rebelión, en 1839, el reino de Siam se dio cuenta de que cualquier otra implicación directa en Kedah provocaría más resistencia, por lo que Kedah se convirtió en una ciudad mayoritariamente autónoma, y los dos reinos entraron en una coexistencia pacífica.

Al igual que durante los reinados de su padre y su abuelo, el arte tuvo una gran importancia durante el reinado de Rama III. Lo que es único de Rama III es la cantidad de influencias externas que impactaron en el arte tailandés. Además de las numerosas influencias occidentales que son evidentes en el arte tailandés de esta época, los chinos, que habían habitado el reino de Siam durante toda la dinastía Chakri, también tuvieron una gran influencia. Gran parte de esta influencia china puede verse en las pinturas de los templos de esta época.

Rama III es muy recordado por sus logros en las relaciones exteriores, que ayudaron a situar a Tailandia en el mapa mundial y a extender su comercio hasta Norteamérica. Gobernó desde la muerte de su padre en 1824 hasta su propia muerte en 1851. Aunque el rey Rama III nunca tomó esposa, tuvo cincuenta y un hijos. Sin embargo, dado que ninguno de ellos nació dentro del matrimonio, además de que nunca nombró a un sucesor, el trono pasó finalmente al príncipe Mongkut, hijo del rey Rama II y su esposa, la reina Sri Suriyendra.

Reinado de Rama IV (r. 1851-1868)

Mongkut, también conocido como Rama IV o por su título de reinado, Phra Chom Klao Chao Yu Hua, nació en 1804 y fue el primer hijo del rey Rama II y su esposa, la reina Sri Suriyendra.

Aunque era el primero en la línea de sucesión al trono tras la muerte de su padre en 1824, dado que Mongkut solo tenía veinte años en ese año, el trono fue otorgado a su hermanastro, que pasó a ser conocido como Rama III. En lugar de convertirse en un general militar o trabajar en el gobierno real, Mongkut se convirtió en un monje budista, y en un monje consumado. En el monasterio, Mongkut entabló contactos con cristianos de Estados Unidos y Francia, lo que permitiría mejorar tanto la comprensión del budismo por parte de Occidente como la de los tailandeses de las lenguas occidentales y los avances en las ciencias.

Durante los veintisiete años que Mongkut pasó en un monasterio de Bangkok, ayudó a desarrollar el budismo tailandés hasta convertirlo en lo que es hoy. Durante su estancia en el monasterio, Mongkut se preocupó de que muchas de las técnicas y prácticas que se le enseñaban fueran supersticiosas y se alejaran de las enseñanzas originales de Buda. Mongkut trató de purificar el budismo una vez más, y encontró más de lo que buscaba al viajar al campo y encontrarse con los mon que quedaban en Siam, que practicaban disciplinas budistas más estrictas que el pueblo siamés. Inspirado por las numerosas prácticas que recogió de los mon, Mongkut pasó a fundar la orden Thammayut, que es ahora una de las dos principales denominaciones del budismo Theravada de Tailandia.

Tras pasar veintisiete años en el monasterio, Mongkut, también conocido como Rama IV, ocupó el lugar que le correspondía como rey de Siam tras la muerte de su hermanastro en 1851. Durante el reinado de Rama IV, continuó fortaleciendo el budismo en todo el país. Sin embargo, probablemente se le recuerde más por sus relaciones exteriores. Tras los tratados algo restrictivos de Rama III con Gran Bretaña, en 1855, la reina de Inglaterra envió a Sir John Bowring para exigir que los tratados se restablecieran y fueran menos restrictivos. Teniendo en cuenta que Gran Bretaña había hecho la guerra a otros países por los tratados restrictivos, Siam firmó el Tratado Bowring en abril de 1855, que otorgaba a los británicos inmunidad diplomática en Siam y eliminaba los aranceles y derechos impuestos a los extranjeros. También se firmaron acuerdos revisados similares entre Siam y otros países europeos, así como con Estados Unidos, entre 1855 y 1870.

Aunque la firma del Tratado de Bowring por parte del rey Rama IV y otros acuerdos posteriores protegieron la soberanía de Siam, perjudicaron enormemente la economía y la independencia del reino. Esto obligó al rey a buscar otras fuentes de ingresos, lo que hizo que se plantaran cultivos para venderlos en los mercados mundiales, se construyeran sistemas de canales para ayudar a la exportación de mercancías y se aumentaran los impuestos. Al final, los tratados que firmó Rama IV hicieron más bien que mal, ya que ayudaron a crear un rápido crecimiento en la economía de Siam, a poner a Siam firmemente en el mapa global y a evitar las guerras que otros gobernantes vecinos habían librado por no ajustar sus tratados restrictivos originales hechos con los países occidentales.

Aunque el Tratado de Bowring se centró principalmente en el comercio exterior, ciertamente condujo a un aumento general de las influencias extranjeras en Siam. Antes de los tratados, Siam se regía por una soberanía muy estricta, y aunque tras el Tratado Bowring Siam seguía siendo gobernado por una monarquía, esa soberanía autoritaria estricta e inflexible ya no sería posible si Siam debía acomodarse a las nuevas influencias occidentales. Con el rey Rama IV, la visión de Siam sobre la monarquía se volvió menos tradicionalmente estricta y más moderna, lo que despojaría al orden real de algunos de sus poderes, pero, en general, evitaría cualquier rebelión o guerra dentro del país o con cualquier nación extranjera.

Otro ejemplo del cambio que supuso el aumento de la influencia extranjera fue la introducción de ideas occidentales en la educación de Siam. Los países europeos volvieron a enviar misioneros para intentar convertir a los tailandeses en cristianos y, aunque no tuvieron éxito, acabaron construyendo instalaciones médicas y otras infraestructuras de estilo occidental. De hecho, fueron misioneros protestantes estadounidenses los que llevaron la primera imprenta y acabaron creando el primer periódico de Tailandia.

Rama IV se aseguró de que sus hijos tuvieran acceso a asesores, profesores y tutores occidentales que les ayudaran a mejorar su comprensión del mundo cambiante. Mongkut llevó a misioneros franceses para que enseñaran a sus hijos latín, matemáticas y astronomía, así como a un misionero estadounidense para que les enseñara inglés. Una de estas tutoras fue Anna Harriette Leonowens, una profesora británica. Su vida se convertiría en una novela titulada *Anna y el rey de Siam*, que más tarde se convertiría en el conocido musical *El rey y yo*. Estas obras fueron muy populares en el mundo occidental y, a pesar de estar plagadas de inexactitudes, conformarían gran parte de la comprensión occidental de Tailandia, para consternación del reino de Siam. Ambas obras se consideran muy controvertidas en Tailandia, hasta el punto de que el libro fue prohibido en el país. Incluso hoy en día, las versiones teatrales del libro suelen estar prohibidas en Tailandia debido a las inexactitudes históricas. Anna Harriette Leonowens afirma que influyó enormemente en el hijo de Mongkut, que se convertiría en Rama V; sin embargo, se discute el impacto exacto que tuvo en el futuro rey.

Rama IV gobernó el reino de Siam hasta su muerte en 1868, y le sucedió su hijo. La época de Rama IV como rey marcaría muchos cambios en la cultura tailandesa, concretamente la modernización de la soberanía y la cesión de muchos de los poderes del orden real. Se le recuerda por la creación de la orden budista Thammayut, actualmente muy popular, pero quizá se le recuerde más por la introducción en el país de muchas ideas, conceptos e infraestructuras occidentales, que sentaron las bases de la cultura única de Tailandia.

Capítulo 6 - La modernización de Tailandia y el reinado del Gran Rama V (1868-1910)

Aunque el rey Mongkut fue sucedido por su hijo Chulalongkorn, que llegaría a ser conocido como Rama V, Chulalongkorn apenas tenía dieciséis años en el momento de la muerte de su padre en 1868 y no estaba preparado para dirigir el reino de Siam. Chulalongkorn pasó los cinco años siguientes a la muerte del rey Rama IV viajando a los países vecinos colonizados por Europa y observando los procedimientos políticos y judiciales en los preparativos para asumir plenamente el trono. Durante este tiempo, un notable ministro llamado Somdet Chao Phraya Si Suriyawong, también conocido por su nombre personal Chuang Bunnag, cuya familia había ocupado importantes cargos desde el siglo XVII, fue nombrado regente. Chuang Bunnag era uno de los funcionarios de más alto rango bajo el mando del rey Mongkut y había sido una pieza clave en los tratados del reino de Siam con los países occidentales. Como Chuang Bunnag era un funcionario tan poderoso bajo el reinado del rey anterior, era muy hábil para dirigir el reino, y en 1873, cuando Chulalongkorn estaba preparado para tomar el mando, Chuang Bunnag permaneció como funcionario y consejero hasta su muerte en 1883.

Una forma precisa de describir el estilo de gobierno de Chulalongkorn sería "de tal palo tal astilla". En comparación con los reyes del reino de Ayutthaya o incluso de la primitiva dinastía Chakri, que no permitían que la gente de la clase baja les viera o les mirara a la cara y gobernaban con un poder similar al de un dios, Rama V (Chulalongkorn) actuaba de forma más parecida a un político moderno. Rama V salía en público vestido de manera informal (o al menos informal en comparación con lo que normalmente se veían los reyes), y permitía que su rostro se imprimiera y reprodujera en productos como monedas y sellos, algo que ningún rey anterior había permitido. Aunque Rama IV había dado grandes pasos para modernizar el reino de Siam, es Rama V quien es recordado por desafiar las tradiciones anticuadas y modernizar el país.

Al igual que su padre, Chulalongkorn centró gran parte de su tiempo en las relaciones exteriores. Aunque los anteriores reyes de Siam habían establecido conexiones y acuerdos con países extranjeros a través de misioneros y comerciantes enviados a Tailandia, el rey Rama V viajaba a países de toda Europa y del sudeste asiático. Estos viajes y los realizados antes de su reinado mientras se preparaba para subir al trono inspirarían al rey Rama V. Estas inspiraciones se demuestran en las estructuras ornamentadas de estilo europeo construidas durante su reinado, que habrían sido similares a las que había visto en sus viajes, así como en su decisión de desafiar las prácticas tradicionales de Tailandia y llevar a cabo muchas reformas políticas modernizadoras.

Casi inmediatamente después de que Chulalongkorn asumiera plenamente el poder a la edad de veinte años, comenzó a poner en marcha una serie de importantes reformas en la legislación, las finanzas y las estructuras políticas del país, muchas de las cuales se inspiraron en los modelos occidentales que había observado mientras se preparaba para liderar. A diferencia de los anteriores reyes de

Siam, que habían confiado casi exclusivamente en el consejo de sus funcionarios siameses, el rey Rama V contaba con muchos asesores extranjeros, la mayoría de ellos británicos. Rama V consideraba que era importante que todos los futuros miembros de la realeza asistieran a escuelas de estilo occidental para preparar su futuro en puestos de liderazgo y que todos los futuros y prometedores funcionarios gubernamentales y militares estudiaran en Europa.

Entre 1868 y 1910, el país experimentó una rápida modernización. El rey Rama V estableció rápidamente un nuevo orden político y un sistema jurídico y un código legal más completos, poniendo fin a las leyes arbitrarias. Impulsó la educación primaria e impuso el servicio militar obligatorio, que en conjunto crearon los cimientos de lo que significaba ser un ciudadano en el reino de Siam. Todo ello, junto con la abolición de la esclavitud y el trabajo estatal, se consiguió en los primeros años de su reinado. En 1892, todas estas acciones condujeron a la separación del gobierno en doce ministerios, tres de los cuales eran el de defensa, el de educación y el de justicia, lo que no es muy diferente a las estructuras políticas que vemos hoy en día. Fue bajo Rama V cuando el reino de Siam introdujo una fuerza policial, una recaudación de impuestos basada en la moneda del gobierno y un sistema escolar moderno. Aunque Tailandia había sido un país unificado antes del rey Rama V, el reino de Siam desarrolló una administración centralizada que conectaría todas sus provincias. Por último, como otro signo de modernización, Siam comenzó a construir ferrocarriles, que se terminaron en 1897 (y se ampliaron durante los años siguientes), conectando Bangkok y Ayutthaya y, en 1903, para conectar con los ferrocarriles malayos británicos.

Mientras se producían todas estas reformas a nivel interno, muchas de las cuales se debían a la influencia occidental, el reino de Siam iba perdiendo territorio en favor de esos mismos países occidentales. Al igual que los acuerdos realizados por el rey Mongkut con los países occidentales, el rey Rama V firmó hábilmente acuerdos que, a pesar de reducir la independencia y la masa territorial del reino de Siam, ayudaron al país a evitar la colonización occidental. En 1893, el reino de Siam cedió a Francia todos los territorios de Laos que había estado ocupando al este del río Mekong. Acuerdos similares se produjeron en 1907, cuando Tailandia cedió a Francia su masa terrestre en Camboya, y en 1909, cuando cedió a Gran Bretaña muchos estados malayos.

En definitiva, a pesar de las tierras que cedían a los países occidentales, Tailandia mantenía su independencia y se establecía globalmente como una fuerza poderosa. Para celebrar la libertad de Tailandia en contraste con sus vecinos colonizados, en 1902, el país pasó a ser conocido extraoficialmente como *Prathet Thai* o *Ratcha Anachak Thai*, que se traduce, respectivamente, como el "país de los libres" y el "reino de los libres". El nombre del país no se cambió oficialmente a Tailandia hasta 1939.

Dado que Chulalongkorn (Rama V) comenzó a gobernar tan joven, sucediendo a su padre en 1868 a la edad de dieciséis años, y gobernando hasta su muerte en 1910, tuvo uno de los reinados más largos de la historia del país. Aunque su extenso reinado explica cómo pudo conseguir tantas cosas durante su tiempo como rey, en general, las rápidas reformas modernas que Rama V introdujo en Tailandia no tenían precedentes. El rey Rama V es recordado como uno de los reyes más grandes, exitosos y notables de Tailandia.

Capítulo 7 - Los últimos monarcas absolutos de Tailandia (1910-1932)

El reinado de Rama VI (r. 1910-1925)

El sucesor del rey Rama V fue su hijo Vajiravudh, que más tarde sería conocido como Rama VI. Vajiravudh estudió en la Universidad de Oxford, lo que le convirtió en el primer rey de Siam con estudios en el extranjero. Antes de gobernar Siam, también sirvió en el ejército británico, pero solo lo hizo brevemente, ya que regresó a su país en 1903 tras ser nombrado sucesor de su padre para prepararse para el trono, que asumiría tras la muerte de su padre en 1910.

El tiempo que el rey Rama VI pasó en Europa tuvo un gran impacto en muchas de sus reformas sociales. Durante su reinado, recodificó la legislación siamesa e introdujo muchas leyes de inspiración occidental, prohibiendo la poligamia y ordenando que todos los ciudadanos adoptaran apellidos. Aunque algunos de sus cambios occidentalizados fueron beneficiosos para el país, como la creación de la Cruz Roja tailandesa, otros cambios fueron de menor importancia, como la introducción del calendario gregoriano. Sin embargo, muchos civiles consideraron que el rey Rama VI llevó la occidentalización de Tailandia demasiado lejos. Un ejemplo de ello sería cuando sugirió encarecidamente que los siameses dejaran de vestir el traje tradicional tailandés y adoptaran un estilo de ropa más europeo.

Teniendo en cuenta que el rey Rama VI no solo fue el primer gobernante de Tailandia que recibió una educación extranjera (también fue el primero que asistió a la universidad), no es de extrañar que durante su reinado contribuyera en gran medida al avance del sistema educativo. En 1917, casi dos décadas después de volver a casa de la Universidad de Oxford, fundó e inauguró la primera universidad de Tailandia, a la que llamó Universidad de Chulalongkorn en honor a su padre. Aunque el edificio se construyó bajo el reinado de su padre para instruir a los trabajadores del gobierno, con el rey Rama VI se convirtió en una universidad propiamente dicha. La Universidad de Chulalongkorn, que aún se encuentra en Bangkok, está considerada como una de las cincuenta mejores universidades de toda Asia y el primer instituto de educación superior de Tailandia en la actualidad. Para contribuir también al avance de la educación del país, Vajiravudh (el rey Rama VI) seguiría impulsando la imposición de su padre de la escuela primaria para los niños y, en 1921, haría oficial la enseñanza primaria obligatoria y gratuita para todos en Tailandia.

Desde el gobierno del rey Narai, durante el periodo de Ayutthaya, Tailandia contaba con una gran población de chinos, de los cuales no todos entendían el tailandés ni se relacionaban con la cultura siamesa. El rey Rama VI no solo promulgó leyes que obligaban a la enseñanza primaria obligatoria, sino también una ley por la que todos los habitantes del país debían aprender la lengua tailandesa. En su afán de nacionalismo, pretendía que todos los estudiantes aprendieran el idioma hasta dominarlo y que también fueran educados en la cultura siamesa y los deberes nacionales.

Bajo el reinado de Rama VI, el reino de Siam tuvo acceso a las artes y a los avances científicos y tecnológicos de otros países del mundo, lo que ayudaría a Tailandia a modernizarse rápidamente al mismo ritmo que los demás países conectados. Cuando el país se enfrentó a la viruela, tuvo acceso a la vacuna inventada por los británicos, y el rey Rama VI pudo aplicar una dosis universal de la vacuna a todos los ciudadanos de Tailandia. El rey Rama VI también creó la propia Cruz Roja tailandesa. Aunque la organización humanitaria existía técnicamente durante el reinado de su padre, fue bajo el mandato de Vajiravudh cuando fue reconocida por el Comité Internacional de la Cruz Roja. El rey Rama VI también intentó acabar con los problemas de la droga en Tailandia, concretamente con el opio, que afectaba a otros países vecinos e internacionales, que también buscaban soluciones al problema en esa misma época.

Dicho esto, los avances del rey Rama VI, de alcance mundial, no fueron solo científicos y humanitarios. El rey Rama VI también era conocido como mecenas de las artes y dedicaba gran parte de su tiempo libre a traducir obras internacionales al tailandés. Tradujo cientos de obras de teatro y libros famosos, entre ellos muchos de Shakespeare, y dio a conocer a Tailandia muchas obras de arte occidentales que antes no eran accesibles. Además de las traducciones, el rey Rama VI escribió docenas de obras de teatro y dramas originales, casi todos bajo seudónimos y muchos de los cuales siguen siendo muy queridos en el país. El rey Rama VI escribió muchas de sus obras, aunque no todas, en torno al tema del nacionalismo, un concepto que le fascinaba profundamente. Después de pasar tanto tiempo en Occidente, el rey Rama VI a menudo comparaba y contrastaba las facetas del nacionalismo tailandés y occidental, muchos conceptos que luego introduciría en su política.

El rey Rama VI gobernó entre 1910 y 1925, lo que significa que supervisó el país durante la Primera Guerra Mundial. El reino de Siam luchó del lado de los aliados y envió tropas a luchar junto a ellos en Europa. Al final, esta acción ayudó sin duda al reino de Siam en sus relaciones exteriores con los países europeos, concretamente con Gran Bretaña y Francia. Luchar al lado de los Aliados también significó que, al terminar la guerra, el reino de Siam pudo llevar a casa el botín por haber ganado la guerra, que incluía un arsenal de barcos alemanes. Bajo el mando del rey Rama VI, en 1919, Siam asistió a la conferencia de paz de Versalles y fue uno de los países fundadores de la Sociedad de Naciones. Tras la guerra, debido tanto al fortalecimiento de las relaciones europeas del reino de Siam como a la pérdida de poder de Europa, el rey Rama VI logró convencer a los países occidentales de que cedieran sus derechos extraterritoriales en el país. Esto significaría que todos los viajeros occidentales tendrían que seguir las leyes locales y ya no se les concederían inmunidades cuando estuvieran en el reino de Siam.

El rey Rama VI nunca llegó a encontrar el equilibrio adecuado entre las ideologías occidentales y la conservación de la cultura tailandesa. Aunque promovió enérgicamente el nacionalismo tailandés, sus ideas occidentales de nacionalismo con fines utilitarios provocaron una gran reticencia entre los civiles. Un ejemplo de ello fue cuando el rey Rama VI intentó crear el Cuerpo de Tigres Salvajes, una fuerza militar separada del ejército del país y bajo el mando directo del rey Rama VI. Esta fuerza paramilitar real se asemejaba a los ejércitos dirigidos por la realeza en Gran Bretaña en aquella época. Esto, unido a otras tradiciones inglesas y europeas que el rey Rama VI intentaba imponer a la población del país, provocó el descontento de la población. Muchos se sintieron ofendidos por sus decisiones y consideraron que socavaban la cultura tailandesa y la herencia siamesa en lugar de modernizar el país como pretendía. La opinión pública sobre el rey Rama VI no se vio favorecida por el hecho de que (sobre todo hacia el final de su reinado) gastaba en exceso y llevaba al país a problemas económicos. Este resentimiento era compartido por el cuerpo, y en 1912, algunos oficiales de la marina y el ejército comenzaron a planear una especie de rebelión para restringir el poder del rey. Aunque el plan fue abortado, la población de Siam siguió recelosa y resentida con el rey, así como con el siguiente. El rey Rama VI murió en 1925, y el trono fue sucedido por su hermano, Prajadhipok (rey Rama VII), que heredó una población descontenta que ya no estaba satisfecha con la monarquía absoluta del país.

El reinado de Rama VII (r. 1925-1935)

Por lo general, un rey en ejercicio elige a un heredero al trono muchos años antes del final de su reinado; algunos sucesores son elegidos desde su nacimiento y otros se deciden cuando alcanzan la edad y muestran su potencial. En cualquier caso, el sucesor suele disponer de suficientes años para prepararse para el liderazgo, observando y ascendiendo en otros gobiernos. Este no fue el caso del hermano de Vajiravudh, Prajadhipok, que nunca esperó ser rey. Al igual que su hermano, Prajadhipok tenía una educación extranjera, pero a diferencia de este, Prajadhipok había asistido a la escuela para prepararse para una carrera militar. Prajadhipok, que también era conocido como Phrapokklao y que más tarde sería conocido como el rey Rama VII, asistió al Eton College, que es un internado solo para chicos de entre trece y dieciocho años. Fundado por Enrique VI, el Eton College está considerado en todo el mundo como uno de los colegios más prestigiosos para este rango de edad específico. Tras su paso por el Eton College, Prajadhipok asistió a la Real Academia Militar de Woolwich para ampliar su formación militar, lo que significa que gran parte de su vida de adolescente y joven adulto la pasó fuera de Tailandia, con acceso a más influencias e ideologías occidentales que su hermano. A principios de 1925, ni siquiera un año antes de que el trono pasara a sus manos, se convirtió en el sucesor más probable al trono, aunque, a diferencia de los reyes anteriores, no tenía años de preparación ni experiencia gubernamental. Prajadhipok no fue anunciado oficial y formalmente como sucesor al trono hasta el 24 de noviembre de 1925, solo dos días antes de que su hermano falleciera.

Cuando el rey Prajadhipok (Rama VII) comenzó su reinado, heredó una población descontenta y algunos problemas financieros importantes. Debido a los gastos extravagantes de su hermano, el rey Rama VII se vio obligado a despedir a un buen número de funcionarios en el primer año de su reinado. Aunque los despidos ayudaron a evitar los problemas fiscales del reino de Siam durante unos años, a principios de la década de 1930, Tailandia y el resto del mundo se verían afectados por la Gran Depresión. La Gran Depresión obligaría al rey Rama VII a despedir aún más funcionarios del gobierno, recortando trabajadores de todos los ministerios y departamentos. Al mismo tiempo, el resentimiento que muchos de los civiles de clase media habían mantenido durante el reinado de Rama VI no hizo más que aumentar. Con la combinación de los civiles de la clase media trabajadora descontentos y ahora los funcionarios despedidos y las familias de los funcionarios, el descontento con la monarquía absoluta se convirtió en la opinión popular. Respaldados por la mayoría de la población, los periódicos y otros medios de comunicación empezaron a arrojar luz y a dar voz a los descontentos.

Por supuesto, con toda la cobertura de la prensa, el rey Rama VII era consciente del creciente resentimiento de la población hacia la familia real y el gobierno monárquico absoluto. El rey estaba convencido, con razón, de que tenía que empezar a avanzar hacia reformas políticas que introdujeran prácticas democráticas, que disminuyeran el poder de la familia real y dieran más poder al pueblo. Teniendo en cuenta que el rey Rama VII, al igual que su hermano, había pasado muchos años en Occidente, estaba abierto a avanzar hacia un sistema político más democrático. Sin embargo, a pesar de sus propias convicciones, los miembros más veteranos y experimentados de la corte real no estaban de acuerdo con él. Aunque estos altos cargos del gobierno ciertamente le frenaron, el rey Rama VII no presionó mucho para que se produjera el cambio, y aunque creía que el gobierno necesitaba reformas, permaneció exteriormente ignorante ante las demandas de su pueblo. Sería esta inactividad ante el total descontento de la población con la soberanía absoluta lo que condujo a la revolución tailandesa (o siamesa) de 1932.

La revolución tailandesa de 1932

Aunque una buena mayoría de la población tailandesa estaba descontenta con la monarquía absoluta a principios de la década de 1930, la revolución tailandesa de 1932 fue iniciada en realidad por un grupo de jóvenes estudiantes tailandeses que habían estudiado en el extranjero. De hecho, empezaron a planear la revolución mientras vivían y estudiaban en Europa. El movimiento revolucionario, conocido como Khana Ratsadon, o Partido Popular, estaba dirigido por Pridi Phanomyong y Plaek Khittasangkha, más conocido como Phibun por el público occidental.

Pridi Phanomyong nació en Ayutthaya, Siam, en 1900, por lo que solo tenía treinta y dos años en el momento de la revolución tailandesa de 1932. De madre tailandesa y padre chino, Pridi destacó en la escuela desde muy joven. Su padre era comerciante de arroz, pero en lugar de seguir los pasos de su padre, Pridi dedicó su tiempo y esfuerzo a abrirse camino en la escuela. Su dedicación a una educación sólida dio sus frutos, ya que se graduó de la escuela secundaria con solo catorce años, cuatro años antes de la edad típica de graduación, y completó la escuela de derecho en la Real Escuela de Derecho de Tailandia a los diecinueve años. Fue un alumno brillante y, a pesar de ser muchos años más joven que sus compañeros, obtuvo una beca para estudiar Derecho en la Universidad de Caen, en Francia. Posteriormente, asistió a la Universidad de París para obtener su doctorado. Cuando Pridi Phanomyong tenía veintisiete años, se había graduado con un máster en derecho y economía y un doctorado en derecho. El aire de revolución no solo estaba presente en su país, Siam, sino también en Francia. La estancia de Pridi Phanomyong en París le permitió observar y participar en los movimientos revolucionarios radicales que ayudarían a dar forma a la política democrática francesa. Durante su estancia en Francia, Pridi no solo se inspiró en los movimientos revolucionarios socialistas y democráticos y en la política del país, sino que también conoció al comandante Plaek Khittasangkha, y juntos formaron el Khana Ratsadon (el Partido Popular).

Plaek Khittasangkha nació en 1897 en una provincia al norte de Bangkok. Plaek Khittasangkha fue educado para alistarse en el ejército y asistiría a la Real Academia Militar Chulachomklao, una escuela militar situada en una de las provincias centrales de Tailandia. En 1914, con solo diecisiete años, Plaek Khittasangkha se graduó en la academia y fue enviado a la artillería, comisionado como subteniente. Pasó alrededor de una década en el cuerpo de artillería siamés, donde demostró unos instintos militares naturales, una gran destreza y una gran inteligencia. El excelente rendimiento militar de Plaek Khittasangkha se vio recompensado en 1924, cuando fue enviado a ampliar su formación militar en Francia. Plaek seguiría estudiando tácticas de artillería en Francia entre 1924 y 1927, y en 1928, tras regresar a Bangkok, fue ascendido a mayor, recibiendo el título de Luang. A raíz de esto, comenzó a llamarse Luang Phibunsongkhram (más conocido como Phibun por el público occidental). Al igual que su futuro homólogo revolucionario Pridi Phanomyong, fue en Francia donde Phibun empezó a darse cuenta de la necesidad de reformas políticas en el reino de Siam y del poder de una revolución dirigida por el pueblo. Durante su estancia en Francia, Phibun entraría en contacto con Pridi Phanomyong y muchos otros estudiantes tailandeses que estudiaban en el extranjero y que estaban descontentos con la política del reino de Siam.

Aunque son muchos los factores que condujeron a la revolución tailandesa de 1932, o como se llamó entonces, la revolución siamesa de 1932, muchos historiadores y participantes coinciden en que la revolución se desarrolló como lo hizo debido a las políticas del rey Rama V de enviar estudiantes a recibir educación en el extranjero. Como vimos con el rey Rama VI y el rey Rama VII, que recibieron educación extranjera en Inglaterra, ambos se encapricharon con las ideologías occidentales. Sin embargo, a diferencia del rey Rama VI y del rey Rama VII, que eran, por supuesto, de la familia real y bastante ricos, los estudiantes no pertenecientes a la realeza que eran enviados a Europa y a otros lugares no eran tan privilegiados, y compartían puntos de vista sobre la monarquía similares a los del resto de los civiles de la clase trabajadora del país.

A lo largo del reinado de Rama VII, el número de becas concedidas por el gobierno a los hombres de talento no pertenecientes a la familia real aumentó considerablemente. Irónicamente, al enviar a los estudiantes a estudiar al extranjero, el gobierno monárquico absoluto de Tailandia estaba dando la educación que le llevó a la perdición. Lo que les esperaba a los alumnos que estudiaban en el extranjero eran lecciones de política y libertades democráticas occidentales. A medida que los estudiantes tailandeses seguían asistiendo a escuelas extranjeras y se relacionaban entre sí mientras estaban en el extranjero, discutían sobre política y se daban cuenta de que la monarquía absoluta de su país no solo era insatisfactoria, sino que se estaba volviendo intolerable.

El número de estudiantes del reino de Siam que asistían a escuelas en los países occidentales siguió aumentando a lo largo de la década de 1920, y en los años 30 se asume que había al menos un par de cientos de estudiantes tailandeses repartidos por Inglaterra, Francia, Estados Unidos, Filipinas y otros países europeos. Aunque la mayoría de los estudiantes fueron enviados a estos países para conocer mejor las prácticas occidentales que podrían ayudar a modernizar el reino de Siam, muchos de ellos, aunque no todos, traerían a casa ideas políticas democráticas revolucionarias. En lugar de traer a casa técnicas que ayudaran a avanzar en el sistema político de la monarquía absoluta, muchos de los estudiantes llegaron a la conclusión de que la monarquía tendría que ser sustituida por completo por la democracia, ya que creían que esta sería la única manera de modernizar realmente el país.

Mientras estudiaba en Francia para obtener un máster y un doctorado en derecho, Pridi Phanomyong se convirtió en la cara oculta del movimiento estudiantil tailandés, revolucionario y algo anarquista. Como había tantos estudiantes tailandeses en Francia, ya existía una asociación de estudiantes tailandeses en Francia, de la que pronto se convirtió en el primer secretario elegido. Al conocer mejor a los estudiantes, fue elegido presidente de la asociación. Mientras era presidente, Pridi Phanomyong discutía un poco abiertamente su política democrática, lo que le puso en contacto con otros estudiantes tailandeses con puntos de vista similares. Al cabo de unos años, Pridi había reunido cuidadosamente a unos cuantos amigos y socios cercanos en los que confiaba, y a menudo organizaba y asistía a reuniones secretas con ellos, en las que discutían los planes revolucionarios para su regreso a su país de origen. A través de Prayoon Pamornmontri, que fue una de las primeras personas con las que Pridi compartió sus planes revolucionarios y que también fue el principal reclutador del grupo revolucionario, Pridi se relacionó con Plaek Khittasangkha (Phibun).

Aunque la revolución era todavía una ilusión, Pridi Phanomyong, Prayoon Pamornmontri y Plaek Khittasangkha anhelaban una forma de derrocar la monarquía absoluta, creando el Partido Popular en 1927. En los años siguientes, Prayoon seguiría reclutando a compañeros tailandeses con ideologías democráticas similares, que desempeñarían un importante papel en la revolución tailandesa de 1932, como Tua Laphanukrom, Nab Phaholyothin, el teniente Luang Sinthu Songgramchai, Phraya Phahon Phayuhasena, Phraya Song Suradej, Phra Prasas Pitthayayudh y Phraya Ritthi Akaney. Muchas de estas nuevas incorporaciones al movimiento revolucionario ocupaban puestos relativamente altos en el ejército siamés, lo que contribuiría a dotar al movimiento de las tropas militares, el equipo y la planificación necesarios para acabar derrocando la monarquía absoluta de la nación.

Aunque los líderes del Khana Ratsadon (el Partido Popular) estaban tramando la revolución para el reino de Siam mientras estaban en Francia, su descontento era igualmente compartido entre la gente que aún permanecía en el país. Mientras los estudiantes con talento y los prometedores líderes militares eran enviados a estudiar al extranjero, la joven generación de funcionarios dentro de Tailandia que había estudiado en la recién inaugurada Universidad de Chulalongkorn también adquiría experiencia y discutía la ineficacia del sistema político de la nación. Esto no debería sorprender, teniendo en cuenta que el descontento en el reino de Siam dentro de las clases medias y trabajadoras había ido creciendo desde el reinado de Rama VI. Esto significaría que el poder de la monarquía estaba disminuyendo gradualmente, y a medida que una monarquía pierde el favor de su pueblo, pierde influencia y poder, ya que necesita evitar crear más descontento, ya que eso llevaría a revoluciones y rebeliones.

A la opinión pública del gobierno real no le ayudaron los graves problemas fiscales a los que se enfrentaba el reino a principios del siglo XX debido a la extravagancia del rey Rama VI y a las ramificaciones de la Gran Depresión mundial. Estas dificultades financieras llevarían a muchos recortes en los ministerios, lo que molestaría no solo a los funcionarios despedidos y a sus familias, sino también a la población en general. Tras los despidos, Rama VII se vio obligado a realizar amplios cambios en el funcionamiento del gobierno para compensar la pérdida de tantos funcionarios de alto rango. Estos cambios no fueron recibidos positivamente, ya que la población consideraba que importantes ministerios gubernamentales no estaban siendo gestionados adecuadamente.

Otro factor que contribuyó a la aversión de la población al gobierno monárquico de la nación fue la forma turbia en que se tomaban las decisiones. Aunque el gobierno no hacía nada necesariamente peor que en un sistema político democrático, la familia real mantenía deliberadamente muchas acciones y decisiones en secreto para la población, que no se enteraba de los cambios más extremos hasta que ya se habían puesto en marcha. Dado que el gobierno mantenía todas las decisiones ocultas a la población, los periódicos y reporteros solían publicar información errónea basada en rumores, aunque muchos periódicos decidían no publicar noticias basadas en chismes, ya que cualquier tergiversación de las decisiones de los gobernantes podía acabar con sus carreras.

En general, la población estaba descontenta con el gobierno monárquico absoluto que había estado gobernando el reino de Siam desde su creación como nación. Sin embargo, aunque toda la población estaba a favor de las reformas políticas y se inclinaba cada vez más hacia los ideales democráticos, serían los estudiantes tailandeses más jóvenes los que liderarían la revolución. Hacia finales de la década de 1920, los miembros del recién fundado Partido Popular, que habían conspirado en el extranjero, comenzaron a regresar a su país. Una vez que Pridi Phanomyong, Plaek Khittasangkha y sus compañeros revolucionarios regresaron al reino de Siam, empezaron a reunir sus fuerzas y a promover su causa de forma un tanto secreta. Reunieron a estudiantes y académicos tailandeses democráticos, tanto a los que habían permanecido en Tailandia como a los que, como ellos, habían estudiado en el extranjero. Junto con los estudiantes, también reunieron a funcionarios gubernamentales y militares, algunos de los cuales habían sido despedidos durante el reinado de Rama VII y otros seguían en sus puestos.

Aunque los miembros del Partido Popular (conocidos en el reino de Siam como los "Promotores") habían pasado muchos años tramando en secreto una revolución, no fue hasta que regresaron a su país a Tailandia cuando empezaron a poner en marcha su plan. Phibun (Plaek Khittasangkha) y sus compañeros militares revolucionarios planearon el golpe, intentando evitar la violencia a toda costa. Al mismo tiempo, Pridi Phanomyong y otros miembros del Partido Popular crearon un detallado plan político que esperaban instituir si el golpe de Estado se desarrollaba como estaba previsto. El plan político consistía en reformas de las libertades, la igualdad y las oportunidades educativas del pueblo, así como de la seguridad, las finanzas y la independencia de la nación.

El 24 de junio de 1932, con el Khana Ratsadon, o Partido Popular, a la cabeza como corazón del movimiento, un grupo bastante reducido de estudiantes, oficiales militares, funcionarios del gobierno no empleados por la realeza y desempleados, y civiles salieron a las calles para dar un golpe de estado. Cogiendo al gobierno monárquico completamente desprevenido, el distrito de Bangkok, donde se encontraban los edificios gubernamentales, los ministerios y los palacios, se inundó de gente, tanques y coches blindados. El grupo revolucionario capturó, arrestó y encarceló por sorpresa a funcionarios del gobierno, muchos de los cuales estaban todavía en pijama. Mientras detenían a estos funcionarios, otros miembros del Partido Popular repartían volantes a los ciudadanos confundidos con el manifiesto del grupo revolucionario. El manifiesto describía el mal trato que recibían los civiles por parte de la monarquía, y los folletos decían que el gobierno trataba a la gente como esclavos y como animales. Comparaba la vida de los civiles, que tenían que trabajar toda su vida para tener suficiente dinero para vivir, con el privilegio de la familia real y los funcionarios del gobierno, que podían dormir y comer sin preocupaciones. El manifiesto también detallaba cómo Tailandia tenía uno de los peores gobiernos, si no el peor, además de los rusos y los alemanes, y cómo cualquier otro país ya habría derrocado su gobierno si hubiera sido comparable al del reino de Siam.

Mientras el Partido Popular escenificaba su rebelión en Bangkok, el rey Rama VII jugaba al golf en un centro turístico costero a unas horas en tren de la ciudad. Irónicamente, el palacio en el que se alojaba, que es una residencia de verano en Hua Hin para la familia real que había sido construida para el rey Rama VII solo seis años antes, se llama Klai Kangwon, que se traduce directamente como "lejos de las preocupaciones". Tras ponerse en contacto tanto con sus asesores del reino de Siam como con sus asesores extranjeros de los países vecinos y occidentales, el rey Rama VII se dio cuenta de que la monarquía no tenía ninguna posibilidad, ya que no estaba preparada y estaba en minoría. Para evitar el derramamiento de sangre, el rey Rama VII se vio esencialmente obligado a capitular y aceptar la constitución y las exigencias del Partido Popular. El Partido Popular había conseguido acabar con la monarquía absoluta que existía en Siam desde su creación, y según las peticiones del grupo revolucionario, la familia real se vio obligada a ceder su poder al pueblo de Tailandia. Aunque se tardó muchos años en conspirar, el Partido Popular consiguió dar un golpe de estado exitoso e incruento en solo unas horas, lo que llevó a la institución de un régimen constitucional.

Acontecimientos posteriores y efectos de la Revolución tailandesa de 1932

Con el creciente descontento en Tailandia durante los reinados de los dos últimos reyes monárquicos absolutos, una rebelión estaba destinada a ocurrir en algún momento, como podemos ver en la abortada rebelión contra el rey Rama VI en 1912 que había sido planeada por miembros del ejército. Dicho esto, aunque la mayoría de la gente compartía su disgusto con el gobierno real, la mayoría no estaba de acuerdo con la revolución del Partido Popular.

Aunque la revolución suele ser vista de forma positiva, especialmente en aquella época por los estudiosos no tailandeses que aún no sabían cómo se desarrollaría la historia, el golpe del Partido Popular no fue bien tomado por gran parte del país. Muchos civiles, especialmente los de fuera de Bangkok que sentían un descontento similar con el gobierno, no tenían nada que ver con la revolución y consideraban que la rebelión era solo un movimiento que representaba los deseos de un pequeño grupo de estudiantes, militares y funcionarios del gobierno, y civiles de Bangkok. Para ellos, esta revolución no era lo que quería el conjunto de la población del reino de Siam. Teniendo en cuenta que la revolución carecía del apoyo del país, el éxito inicial del movimiento del Partido Popular fue efímero.

El 26 de junio de 1932, menos de dos días después de la revolución tailandesa de 1932, el Partido Popular se disculpó ante el rer y la familia real por el manifiesto radical y ofensivo y solicitó su ayuda. A pesar de las promesas de cambio democrático del Khana Ratsadon (Partido Popular), el rey Rama VII y su familia real siguieron compartiendo el poder con el nuevo gobierno en un sistema monárquico constitucional. Este sistema constitucional, en el que tanto los nuevos poderes de gobierno como el rey dirigen la nación conjuntamente, continuó durante los siguientes quince años, con el poder de la familia real disminuyendo gradualmente a lo largo de ese periodo.

Capítulo 8 - La monarquía constitucional y las dictaduras militares (1932-1945)

Las primeras decisiones del Partido Popular y la Monarquía Constitucional

Al igual que la propia revolución, que fue increíblemente bien planificada y tuvo un éxito increíble, sin apenas problemas a pesar de todo lo que podría haber salido mal, el Partido Popular había planificado meticulosamente muchos aspectos de sus futuras prácticas de gobierno. Sin embargo, a diferencia de la revolución, su bien pensado nuevo sistema político no salió como estaba previsto.

En 1932, tras el golpe, Pridi Phanomyong ayudó a elaborar la constitución que detallaría al rey y su papel en el gobierno y cómo se transferiría gradualmente el poder a un nuevo orden de gobierno democrático. La transferencia de poder debía producirse en tres etapas. En primer lugar, el Partido Popular nombraría a setenta representantes del gobierno, formados tanto por miembros del Partido Popular como, de forma democrática, por nuevos funcionarios no pertenecientes a la realeza que no hubieran participado en absoluto en la revolución. De este modo, el Partido

Popular se mantendría fiel a sus objetivos democráticos sin inundar el gobierno con personas completamente nuevas y sin formación. El gobierno seguiría estando formado por muchos de los funcionarios del gobierno del rey, que tenían la experiencia necesaria para formar a los nuevos representantes y garantizar que la transición de poder se realizara sin problemas.

En la segunda etapa, el Partido Popular continuaría excluyendo gradualmente a los hombres del rey de los puestos de gobierno, a menos que fueran elegidos por el pueblo para permanecer. Finalmente, en la tercera etapa, el poder se transferiría por completo y el sistema político sería totalmente democrático. El plan consistía en que, una vez alcanzado el tercer periodo del plan de transición, todos los funcionarios del gobierno serían elegidos democráticamente por la población y no serían nombrados directamente por ninguna fuerza superior, por lo que ni el rey ni el Partido Popular tendrían el poder de decidir los funcionarios; en su lugar, correspondería a los civiles comunes.

Su objetivo era que la nación alcanzara la forma de gobierno definitiva una vez que al menos el 50 por ciento de la población tuviera educación primaria, cifra que crecía fácilmente gracias a los esfuerzos del rey Rama V y a las leyes promulgadas por el rey Rama VI. Dicho esto, si la mitad de la población aún no había completado su educación primaria en los diez años siguientes a la creación de la constitución, que se finalizó el 10 de diciembre de 1932, la etapa final comenzaría de todos modos.

Durante estos diez años, el Partido Popular prometió ayudar a mejorar la economía de la nación y ayudar a que más tailandeses recibieran una educación postsecundaria. El impulso a la educación no sería una sorpresa, ya que el Partido Popular estaba formado casi en su totalidad por académicos, intelectuales y militares con estudios universitarios. El partido creó la Universidad de Ciencias Morales y Políticas, que intentaría generalizar la educación superior en toda la nación. Teniendo en cuenta que el Partido Popular heredó una

Tailandia posterior a la Gran Depresión, no tuvo más remedio que reformar las políticas económicas del gobierno para ayudar a remediar los problemas fiscales del país. Algunos de los cambios económicos que el Partido Popular prometió tras la revolución y que cumplió fueron poner fin al cobro excesivo de intereses y a la confiscación de las propiedades de los agricultores.

Los miembros del Partido Popular eran muy conscientes de que su nuevo poder les exigiría abordar algunos de los problemas financieros a los que se había enfrentado el reino en las últimas décadas. A principios de 1933, ni siquiera un año después de la revolución tailandesa de 1932, Pridi redactó un plan económico que anunció al gobierno, que en ese momento seguía dominado por los funcionarios elegidos por el rey. Su plan era agresivo, radical y mucho más democrático y socialista de lo que los antiguos funcionarios, más conservadores, estaban dispuestos a aceptar. Era incluso demasiado extremo para que los nuevos funcionarios lo pusieran en práctica. El plan económico, casi comunista, que detallaba los objetivos de Pridi de nacionalizar todos los activos y empresas industriales y comerciales y convertir a todos los trabajadores en empleados del Estado, molestó a casi todo el mundo.

El plan económico de Pridi Phanomyong era tan controvertido que no solo fue rechazado inmediatamente sin ninguna deliberación, sino que le valió la reputación de comunista algo desquiciado, reputación que le acompañaría el resto de su vida. El radical plan económico molestó a tanta gente que Pridi fue exiliado temporalmente, y para evitar más complicaciones, el rey suspendió temporalmente la recién formada Asamblea Nacional. Aunque el rey Rama VII suspendió la Asamblea Nacional para evitar más controversias gubernamentales que pudieran alejar a más monárquicos, el Partido Popular se dio cuenta de que esto significaba que su propio poder se vería limitado temporalmente. El plan radical también llevó a la destitución del primer primer ministro de Tailandia, Phraya Manopakorn Nititada, que fue elegido por el

Partido Popular directamente después de la revolución, lo que significa que no ocupó su cargo ni siquiera un año completo.

Como el Partido Popular era tan nuevo, temían que incluso una suspensión temporal de la Asamblea Nacional pudiera permitir al rey y a su orden real recuperar su poder sobre el gobierno. Para evitar cualquier intento de recuperar el control de la nación, los líderes militares del Partido Popular obligaron al rey Rama VII a reactivar la Asamblea Nacional. Menos de un año después del primer golpe, se produjo un nuevo golpe para reconstituir la Asamblea Nacional. Fue dirigido por Luang Phibunsongkhram (Phibun). Durante el proceso de reactivación de la Asamblea Nacional, Phibun instaló a un antiguo miembro del Partido Popular, Phraya Phahon Phayuhasena, como segundo primer ministro de Siam.

Entre las ideologías democráticas del Partido Popular, el plan económico socialista de Pridi Phanomyong y los líderes militares que forzaron la reconstitución de la Asamblea Nacional, los monárquicos, especialmente los más antiguos y conservadores, no estaban contentos con el nuevo gobierno. Los monárquicos demostraron su descontento en una rebelión contragolpe que tuvo lugar en el transcurso de unos tensos días en octubre de 1933. Aunque el rey Rama VII no participó en la rebelión, esta fue dirigida por su primo, el príncipe Boworadet. En esta batalla, la inteligencia y la destreza militar del teniente coronel Phibun volverían a brillar, ya que dirigió sus tropas y reprimió el contragolpe en solo tres días de intensos combates. Aunque el rey Rama VII no tenía absolutamente ninguna implicación o conexión con la rebelión monárquica de 1933, fue en este momento cuando sintió que su posición ya no era personalmente sostenible. Unos meses después del intento de contragolpe, el rey Rama VII abandonó el país y se trasladó a Inglaterra, y poco más de un año después abdicó de su cargo de rey. Aunque Siam ya no era una nación dirigida por un monarca, el príncipe Ananda Mahidol, que se convertiría en el rey Rama VIII, fue nombrado sucesor al trono, pero como el príncipe solo tenía nueve años en ese momento y estudiaba en el extranjero, en Suiza, un consejo de regencia actuaría en su lugar hasta su regreso.

Phibunsongkhram (Phibun) ya era considerado un impresionante líder militar tras la revolución tailandesa de 1932, pero fue necesario resistir la rebelión monárquica de 1933 para que cobrara relevancia pública. Aunque ni el anterior gobierno monárquico ni el Partido Popular, ni siquiera la población, eran plenamente conscientes de ello en aquel momento, Siam estaba siendo controlado lentamente por sus militares. Dirigidos por el teniente coronel Phibun, así como por otros oficiales militares bien entrenados, los militares seguirían fortaleciéndose y ganando poder. Entre los años 1933 y 1938, el ejército creció y ganó experiencia, aunque solo luchaba internamente dentro de su propia nación. De hecho, el nuevo y mejorado ejército dirigido por el Partido Popular no tendría la oportunidad de enfrentarse a una fuerza externa o a una amenaza de cualquier tipo hasta 1941.

Solo unos años después de la revolución tailandesa de 1932, se estaban formando algunas grietas evidentes en el Partido Popular. El gobierno estaba dividido esencialmente en tres grupos diferentes: el primero era el de los monárquicos, formado por la familia que quedaba del rey y los funcionarios conservadores de élite nombrados por la realeza. El segundo grupo estaba representado por los miembros no militares del Partido Popular y los funcionarios civiles del gobierno elegidos. El último grupo dentro del gobierno era el militar, dirigido por miembros extremistas del Partido Popular y otros generales militares bien disciplinados. Las tres facciones rivales seguirían luchando por el poder en los años siguientes a la revolución original de 1932. Finalmente, a través de una serie de rebeliones militares y golpes de estado que asolaron la nación en la década de 1930, el ala militar triunfaría, como era de esperar, sobre las otras dos facciones gubernamentales. Esto conduciría finalmente a la dictadura militar que controlaría el país de Tailandia durante años.

Pridi Phanomyong regresó a su país en 1934, tras algo más de un año de exilio en el extranjero. A su regreso a Siam, fundó la segunda universidad del país, la mencionada Universidad de Ciencias Morales y Políticas, también conocida como Universidad de Thammasat. Al abrir la universidad, Pridi pudo cumplir una de sus principales creencias y promesas al principio de su campaña, que era que la educación superior debía ser accesible a todos los que la quisieran, no solo a los de la familia real. El mismo año que regresó, fue elegido ministro del Interior, lo que le daría la responsabilidad de nombrar a los gobernadores de las provincias de Tailandia, la seguridad interna, la administración local, la ciudadanía y otras facetas de los asuntos internos. Poco después de convertirse en ministro del Interior, fue nombrado ministro de Asuntos Exteriores. Durante el tiempo que ocupó este cargo, Pridi intentó renegociar todos los tratados injustos entre Tailandia y los países extranjeros, en su mayoría europeos. Contribuyó a poner fin a los derechos extraterritoriales de los países extranjeros que quedaban en Siam y a limitar los impuestos a la importación que los países occidentales habían establecido para aprovecharse de Siam.

El inicio de la dictadura militar en Tailandia

Aunque Pridi Phanomyong representaba el ala civil del gobierno, fue esencialmente a su regreso cuando la facción militar del gobierno comenzó a ganar poder. En 1934, tras los impresionantes triunfos de Phibun sobre los monárquicos en su intento de contragolpe, se convirtió en ministro de Defensa del país. Tras su ascenso de rango, se dedicaría a reforzar el ejército de la nación. Al igual que el rey Rama VI o el rey Rama VII, que también estudiaron en el extranjero, Phibun se inspiró en los gobiernos e ideologías occidentales. A diferencia de los reyes anteriores, que parecían inspirarse sobre todo en su tiempo de estudio en Gran Bretaña, Phibun estaba enamorado e impresionado por el movimiento militar fascista italiano liderado por Benito Mussolini, que se estaba produciendo mientras Phibun había estado en Europa. Se dio cuenta del potencial y el poder del nacionalismo y vio los efectos de la propaganda emitida por el gobierno. Además de trabajar para reforzar las tropas de la nación, intentó popularizar los valores militares y nacionalistas basados en los que había llegado a apreciar en Italia. Impulsaba las películas de propaganda italiana y empezó a presentarse como un héroe ante el pueblo tailandés. Aunque Pridi Phanomyong marcó el inicio de muchos nuevos privilegios para los ciudadanos de Siam, al mismo tiempo, el gobierno estaba virando hacia un régimen fascista que no solo frenó los cambios democráticos prometidos, sino que también quitó algunos de los derechos e igualdades de los civiles.

Sin duda, Phibun contó con la ayuda de su patrocinador, Phraya Phahon Phayuhasena, que había sido primer ministro de Siam, durante su mandato como ministro de Defensa. Sin embargo, tras ser nombrado segundo primer ministro en 1933, después de la revolución tailandesa de 1932, Phraya Phahon se vio envuelto en un escándalo relacionado con turbios negocios inmobiliarios. Tras cinco años como primer ministro de Siam, Phraya Phahon se vio obligado a retirarse, y el país celebró las primeras elecciones de su historia en 1937.

Las elecciones de 1937 en Tailandia elegirían alrededor de la mitad de los escaños de la Asamblea Nacional. Pridi Phanomyong sería elegido como ministro de finanzas, pero lo más importante es que Phibun sería elegido como nuevo primer ministro de Siam, convirtiéndose en el primer primer ministro elegido del país. Asumió el cargo en diciembre de 1938 y comenzó a imponer sus creencias ultranacionalistas a la población casi inmediatamente. Aunque fue elegido democráticamente, al asumir el cargo de primer ministro, el gobierno, bajo su dirección, comenzó a inclinarse hacia el fascismo militar total. Phibun se convirtió esencialmente en el dictador no oficial de Siam. Para afianzar su poder, el primer ministro Phibunsongkhram arrestó a su oposición, especialmente a los monárquicos y miembros de la familia real que llevaban tiempo desafiando sus opiniones. Con ello, Phibun dominaba rápidamente a los civiles en el cargo y, en muchos sentidos, se alejaba de los planes iniciales de democracia del Partido Popular y volvía a un gobierno que compartía muchas similitudes con la realeza absoluta.

Dado que el primer ministro Phibunsongkhram se oponía abiertamente a los chinos, que habían habitado Siam durante siglos, al igual que las creencias de muchos dictadores fascistas cuando se trata de personas de otras nacionalidades, los civiles no tailandeses chocaron con sus opiniones ultranacionalistas. Phibun no tardó en poner en marcha muchas políticas destinadas a frenar el éxito de los civiles chinos en el país. Hizo todo lo posible por restringir la educación china y limitó el uso del mandarín en las escuelas chinas. Phibun presionó para reducir la inmigración china a Siam y, en 1939, cambió oficialmente el nombre del país de Siam a Tailandia. Con este cambio pretendía librar al país del nombre que le habían asignado los extranjeros e impulsar su retórica antichina de que Tailandia era la tierra de los tailandeses. Irónicamente, "thai", nombre dado a los civiles del reino de Siam en 1238 al liberarse del imperio jemer que los controlaba, se traduce como "libre". Aunque los tailandeses y el país de Tailandia se habían liberado de las fuerzas opresoras muchas veces a lo largo de la historia, el nombre se cambió en un periodo en el que los civiles vieron revocadas sus libertades.

Mientras el democrático Pridi Phanomyong actuaba como ministro de finanzas del país, trabajando en la renovación del sistema fiscal para eliminar los impuestos injustos que no se basaban en los ingresos, Phibun utilizaba los impuestos para reducir el poder económico chino. Los chinos, que habían llegado a Tailandia siglos atrás en busca de oportunidades económicas, tenían negocios bastante exitosos y prósperos, que Phibun denunciaba, alegando que intentaban quitarles oportunidades a los tailandeses nativos. Ofreció subvenciones a las empresas de propiedad tailandesa y presionó a los civiles para que las apoyaran en lugar de las chinas. Todas estas acciones llevarían a los funcionarios con opiniones contrarias, especialmente a los de ascendencia china, a comparar el movimiento de Phibunsongkhram contra los chinos con lo que ocurría con la población judía en Alemania por la misma época (esto fue justo antes de la Segunda Guerra Mundial).

A la vez que promovía las creencias antichinas, Phibun consideraba necesario que los tailandeses desarrollaran su propia cultura, distinta de la china. Aunque los tailandeses habían establecido una cultura propia de gran riqueza, Phibun consideraba que tenía demasiados lazos con la cultura china, que había contribuido a moldearla. En 1939, Phibun publicó un nuevo himno nacional que, como cualquier himno nacional, impulsa el patriotismo y el ultranacionalismo. La letra del himno detalla la responsabilidad y la voluntad de los civiles tailandeses de luchar por su nación. Aunque la canción habla con bastante propiedad de la independencia tailandesa, la comprensión de los acontecimientos antichinos que rodearon el inicio de la canción da otro significado a letras como "cada centímetro de Tailandia pertenece a los tailandeses".

Al igual que los reyes que le precedieron, que también habían estudiado en Europa antes de su reinado, Phibun impulsó sus creencias nacionalistas introduciendo nuevas prácticas occidentales, que creía necesarias para modernizar el país. El primer ministro Phibunsongkhram impuso decretos que animaban a los civiles a vestir más a la moda occidental, algo que el rey Rama VI había intentado aprobar unas décadas antes y se enfrentó a grandes adversidades por hacerlo. Sin embargo, Phibun tuvo éxito donde el rey Rama VI había fracasado, y prohibió masticar betel e hizo ilegal el opio. Todos los adictos a esta sustancia fueron perseguidos y encarcelados. En 1940, cambió la celebración tradicional del Año Nuevo de abril al mes occidental de celebración en enero, aunque el decreto no se llevó a cabo. En la actualidad, los tailandeses celebran ambas fechas y han mantenido el Año Nuevo de abril como su celebración tradicional.

Tailandia durante la Segunda Guerra Mundial (1939-1945)

Mientras se impulsaba internamente el nacionalismo fascista, de corte occidental, y las políticas antichinas, en el exterior comenzaba la Segunda Guerra Mundial. El primer ministro Phibunsongkhram aprovechó la desgracia de Francia en 1940, al inicio de la Segunda Guerra Mundial, y provocó una guerra con la Indochina francesa para intentar recuperar las tierras que antes habían pertenecido a Tailandia. La guerra se desarrolló entre 1940 y 1941, pero como Francia estaba preocupada en su país, no pudo resistir las pretensiones irredentistas de Phibun. Tailandia recuperó su territorio perdido en Camboya y Laos con la ayuda de las fuerzas japonesas, lo que contribuyó a formar una alianza entre ambos países.

A medida que Phibun fue pasando de primer ministro a dictador militar del país, aumentó su aprecio por las prácticas militares japonesas. A lo largo de su reinado, fue abiertamente projaponés, y se forjó una alianza entre ambos países cuando Japón apoyó la reclamación de Phibun de las tierras perdidas en Camboya y Laos. Al comienzo de la Segunda Guerra Mundial, las opiniones nacionalistas de Japón le llevaron a unirse a Alemania y, junto con Italia, los tres países formaron las Potencias del Eje. Tras el ataque japonés a Pearl Harbor en Estados Unidos, que tuvo éxito ya que nadie lo vio venir, Japón planeó un ataque sorpresa similar en 1941 contra el Singapur británico. Para poder llegar a Singapur sin previo aviso, Japón planeó viajar a través de Tailandia, ya que no se esperaría un ataque desde esa dirección. En 1941, con la intención de sorprender a Singapur, las tropas japonesas entraron en Tailandia, y como ambos países habían forjado previamente una alianza, Japón solicitó al gobierno tailandés el derecho de paso. El gobierno tailandés, que no quería facilitar un ataque a sus aliados occidentales, intentó resistir a las tropas japonesas. Sin embargo, tras un breve periodo de lucha, las opiniones projaponesas de Phibun y su comprensión de que la resistencia probablemente solo conduciría a la destrucción parcial de Tailandia le llevaron a firmar un tratado de alianza con Japón, que permitiría a su nuevo aliado cruzar pacíficamente a través de Tailandia.

Justo antes y durante la Segunda Guerra Mundial, el antaño democrático Partido Popular se había convertido en una dictadura militar totalmente fascista dirigida por el primer ministro electo Phibunsongkhram. Esto, por supuesto, molestó a casi todos los miembros civiles originales del Partido Popular, incluido Pridi Phanomyong, el homólogo de Phibun en la revolución tailandesa de 1932. A lo largo de la dictadura de Phibun, muchos de los civiles que ocupaban cargos gubernamentales fueron liberados de sus funciones y sustituidos por aquellos que apoyaban las opiniones fascistas de Phibun. En 1941, tras la firma del tratado con Japón por parte de Phibun, que no hizo más que reforzar el gobierno fascista de la dictadura, Pridi Phanomyong dimitió como ministro de finanzas; sin embargo, aún se desconoce si fue por decisión propia o forzosa. A Pridi se le asignó el papel de regente en lugar del rey Ananda Mahidol (rey Rama VIII), que no solo era bastante joven todavía, sino que estaba atrapado en Europa durante la Segunda Guerra Mundial.

Tras el tratado de Tailandia con Japón, Phibun y su gobierno declararon la guerra a los países occidentales que se oponían a Japón, concretamente a Estados Unidos y Gran Bretaña, a principios de 1942. La firma del tratado de Tailandia con Japón, el gobierno profascista de Phibun y la declaración de guerra del país a Estados Unidos y Gran Bretaña desharían muchas de las alianzas que se habían establecido entre Tailandia y los países occidentales durante los años anteriores y alejarían a Tailandia de Occidente durante los años siguientes.

Teniendo en cuenta el hecho de que el tratado firmado entre Japón y Tailandia no se formó debido a la alianza que los dos países habían construido a lo largo de los años, sino que se creó para poner fin a una batalla causada por una invasión japonesa, no es sorprendente que los japoneses se aprovecharan de sus nuevos privilegios. Tras el tratado, el gobierno de Tailandia se vio cada vez más perjudicado por la ocupación japonesa, lo que hizo que tanto la economía como la población tailandesas se vieran afectadas. El público empezó a perder la confianza en el gobierno de Phibun, lo que llevó a la creación de numerosos grupos de resistencia. Pridi Phanomyong, que a estas alturas era antijaponés y estaba completamente en contra del gobierno de Phibun, lideró el movimiento Tailandia Libre (*Seri Thai*), un grupo de resistencia creado para librar al país de la ocupación japonesa. La organización Tailandia Libre se conectó con grupos de resistencia basados en Occidente, principalmente en Estados Unidos, lo que ayudó a revitalizar las relaciones exteriores de Tailandia en el futuro. Pridi Phanomyong, que operaba dentro de los grupos de resistencia tailandeses bajo el nombre en clave de Ruth, organizó rebeliones contra los japoneses y el gobierno tailandés. En 1944, cuando se hizo cada vez más evidente que el Eje no iba a ganar, el gobierno de Phibun se derrumbó, y se vio obligado a dimitir en julio de 1944. Un gobierno civil, dirigido extraoficialmente por Pridi y oficialmente por Khuang Aphaiwong, sustituyó al gobierno de Phibun. La Segunda Guerra Mundial terminó oficialmente el 2 de septiembre de 1945.

Capítulo 9 - Luchas por el poder en Tailandia tras la Segunda Guerra Mundial (1945-1973)

Gobierno democrático tras la primera dictadura militar de Phibunsongkhram

En 1944, Phibunsongkhram (Phibun) se vio obligado a dimitir como primer ministro de Tailandia, y fue sustituido el 31 de julio por Khuang Aphaiwong. Khuang Aphaiwong era hijo de un gobernador tailandés y, como muchos hijos de funcionarios, había estudiado en Occidente. Khuang Aphaiwong cursó estudios superiores de ingeniería en Francia, y fue allí donde estableció conexiones con Phibunsongkhram y Pridi Phanomyong. Incluso fue uno de los miembros fundadores del Partido Popular. Aunque Khuang Aphaiwong solo ocupó el cargo de primer ministro durante unos meses tras la caída del gobierno militar de Phibun, posteriormente volvería a ocupar el puesto en dos ocasiones más durante periodos igualmente breves en los años siguientes.

El primer periodo de Khuang Aphaiwong en el cargo de primer ministro en funciones de Tailandia fue inusual, ya que se encontró encajonado entre los civiles democráticos del Partido Popular, ahora el Tailandés Libre, y los líderes militares a los que había ayudado abiertamente durante la guerra (aunque realmente no tenía muchas opciones en el asunto si quería mantener su puesto). Aunque Khuang Aphaiwong era técnicamente el primer ministro, muchas de las decisiones tomadas por el gobierno hacia el final y después de la Segunda Guerra Mundial fueron en realidad tomadas por Pridi Phanomyong, que trabajaba entre bastidores.

En 1945, el último año de la Segunda Guerra Mundial, Tailandia ayudó a los aliados de todas las maneras posibles. Pridi Phanomyong se retractó de la anterior declaración de guerra de Tailandia contra Estados Unidos y Gran Bretaña y permitió a los aliados el libre acceso a Bangkok. Muy rápidamente después de sustituir a Phibun, Pridi Phanomyong y Khuang Aphaiwong pusieron fin al tratado que el anterior dictador militar había firmado con Japón, terminando oficialmente su alianza. Estos rápidos cambios ayudarían a remediar la reputación internacional de Tailandia y a evitar posibles amenazas militares de Occidente. Esto probablemente se habría producido si el gobierno hubiera esperado más tiempo. Bajo su nuevo gobierno democrático, Tailandia devolvió los territorios de Laos y Camboya que habían sido arrebatados a Francia durante la Segunda Guerra Mundial. Gracias a todas las reparaciones realizadas al final de la Segunda Guerra Mundial, la reputación mundial de Tailandia se rectificó y el país fue admitido en las Naciones Unidas en 1946. Inmediatamente después del final de la guerra, el rey Ananda Mahidol (rey Rama VIII) pudo regresar de Europa, y Pridi Phanomyong fue reasignado como estadista de alto rango, ya que no era necesario como regente.

A pesar de que el colapso de la dictadura militar trajo consigo un periodo de democracia, el gobierno estaba lejos de ser seguro. Al igual que a principios de la década de 1930, cuando el Partido Popular tomó por primera vez el control del gobierno, aparecieron muchas grietas en el nuevo partido democrático reinante. Aunque Khuang Aphaiwong y Pridi Phanomyong habían contribuido al progreso de Tailandia tras el colapso del reinado de Phibun, no estaban unidos y empezaron a desunirse cuando terminó la Segunda Guerra Mundial. Debido a estas inestabilidades, Khuang Aphaiwong fue sustituido por Thawi Bunyaket tras solo un año en el cargo. Thawi sería sustituido, no más de dos meses después, por Seni Pramoj. Seni había sido la opción original, pero no estaba disponible cuando Khuang dimitió. Esto ayudaría a estabilizar el partido durante un breve periodo, pero el partido nunca estaría verdaderamente unido durante su reinado, lo que acabaría provocando su caída.

En septiembre de 1945, Seni Pramoj asumió el cargo de primer ministro de Tailandia. Este sería el primer período de Seni Pramoj como primer ministro, cargo que ocuparía cuatro veces en el transcurso de las siguientes décadas, por un total combinado de apenas un año. Seni Pramoj era uno de los muchos bisnietos vivos del rey Rama II y, como casi todas las generaciones más jóvenes de miembros de la familia real, recibió una educación extranjera en Occidente. Seni asistió al Trent College, que es un internado inglés, y al igual que el rey Rama VI, pasó a estudiar en la prestigiosa Universidad de Oxford. En Oxford, Seni estudió Derecho y, tras aprobar el examen de abogacía, regresó a Bangkok para trabajar como juez junior. Aunque Seni era de sangre real, nunca se opuso realmente al golpe de estado del Partido Popular en 1932, probablemente debido a su educación en el extranjero. Dicho esto, no le gustaban necesariamente los miembros del Partido Popular ni su forma de dirigir el país. Existen muchos rumores en torno a las opiniones de Seni Pramoj, ya que sus puntos de vista sobre los temas parecían haber cambiado mucho durante la Segunda Guerra Mundial. Al principio, Seni apoyaba pública y firmemente al gobierno de Phibun, pero pareció invertir completamente sus opiniones una vez que el gobierno firmó el tratado con Japón. A pesar de sus frecuentes cambios de opinión, Seni Pramoj se convirtió en un símbolo de la resistencia tailandesa, lo que le ayudaría a ser elegido primer ministro al final de la Segunda Guerra Mundial.

Cuando Seni Pramoj fue primer ministro, fue, para su desgracia, controlado por Pridi Phanomyong, como lo había sido Khuang Aphaiwong. Aunque el gobierno democrático bajo Seni prosperó, este periodo provocó mayores fisuras en el Partido Popular y entre los demócratas del país. Hacia el final del corto mandato de Seni Pramoj como primer ministro, el país sufría debido a las alianzas y reparaciones de posguerra realizadas con los países occidentales. Para eliminar el aire de guerra que quedaba entre Tailandia y Gran Bretaña después de la Segunda Guerra Mundial, Seni y su gobierno firmaron un tratado de paz en enero de 1946, que Gran Bretaña solo firmaría si Tailandia accedía a las reparaciones de posguerra, que incluían grandes cantidades de arroz. Estas alianzas de posguerra provocaron serias dificultades financieras, lo que provocó el descontento de la población con el gobierno de Seni Pramoj. A medida que crecía el descontento de la población, Seni abandonó su puesto de primer ministro, lo que fue un tanto injusto, ya que muchas de las decisiones molestas fueron tomadas por Pridi Phanomyong. Esto solo contribuiría a aumentar las grietas en los movimientos democráticos de Tailandia y a forjar una especie de rivalidad entre Seni Pramoj y Pridi Phanomyong. Seni fue sustituido por Khuang Aphaiwong, que volvió a ocupar el cargo bajo su Partido Demócrata, fundado extraoficialmente, ya que se fundaría oficialmente en abril de 1946. Esta vez, Khuang asumió el cargo durante menos de tres meses.

Khuang Aphaiwong fue primer ministro durante algo más de cincuenta días, pero como su partido no estaba debidamente establecido, dimitió el 24 de marzo de 1946, tras un voto de censura. Khuang Aphaiwong fundaría formalmente el Partido Demócrata el 6 de abril de 1946, que actuaría como partido democrático rival del Partido Popular y dejaría claro que las fuerzas democráticas del país se habían separado. El Partido Demócrata de Tailandia ilustraría las grietas que se habían formado en el Partido Popular, ya que a Khuang Aphaiwong se le uniría Seni Pramoj, ya que ambos compartían el disgusto por Pridi Phanomyong, quien los había controlado desde la sombra durante sus respectivos periodos como primer ministro. El partido atraería a otros monárquicos de tendencia democrática, como el hermano de Seni Pramoj, Kukrit Pramoj, y a miembros de la resistencia tailandesa que habían perdido la confianza en el Partido Popular y, concretamente, en Pridi Phanomyong.

Aunque todos los líderes desde 1932 habían sido técnicamente elegidos democráticamente, no fue hasta 1946 cuando el país celebró su primera elección popular. Esto significa que cuando Pridi Phanomyong fue elegido como primer ministro en marzo de 1946, fue el primer primer ministro de la historia elegido plenamente por el pueblo. Al igual que cuando el Partido Popular de Pridi Phanomyong tomó el poder en 1932, en 1946, Pridi llegó dispuesto a realizar algunos cambios significativos en el país sin ninguna demora. Aprobó rápidamente una nueva constitución que ayudaría a proteger los derechos laborales de los civiles, devolver el poder democrático a la población y, con suerte, reducir el poder de los militares en el gobierno de Tailandia de una vez por todas. Pridi Phanomyong, que había estado dirigiendo el gobierno esencialmente entre bastidores desde 1944, se había ganado por fin su puesto de primer ministro y pretendía hacer las reformas radicales que consideraba necesarias para restaurar Tailandia, que había sido sacudida tanto por la Segunda Guerra Mundial como por la abusiva dictadura militar de Phibun, que despojó a los ciudadanos de muchas de sus libertades.

Aunque Pridi Phanomyong hizo un progreso inicial al comienzo de su reinado, haciendo parecer que Tailandia podría por fin recuperarse de los daños sufridos en las últimas décadas, la paz duró poco. El 9 de junio de 1946, el rey Ananda Mahidol (rey Rama VIII), de 20 años, que solo había regresado a su país seis meses antes, fue encontrado muerto. El joven rey fue encontrado en su cama del palacio real, y la causa de su muerte fue una herida de bala. La muerte del rey Ananda Mahidol dejó a todo el mundo confundido. Nadie estaba seguro de si había sido un accidente, un asesinato o incluso un suicidio. Incluso el hermano del rey, Bhumibol, que se convertiría en el rey Rama IX, afirmó que ciertamente no fue un suicidio ni un accidente, pero no estaba seguro de lo que había sucedido. Como los funcionarios de Pridi Phanomyong nunca fueron capaces de resolver la investigación, la muerte se dictaminó como un accidente, aunque casi nadie en Tailandia consideró que el caso estaba cerrado.

Los líderes militares del gobierno de Phibun y el Partido Demócrata no estaban de acuerdo en muchas cosas, pero de alguna manera, sin saberlo, se unieron en su mutua sospecha, o al menos en su mutua culpa, de Pridi Phanomyong, implicándolo como el cerebro detrás de la muerte del joven rey Ananda Mahidol. A lo largo de 1946, tanto el Partido Demócrata como el gobierno militar caído difundieron sus creencias sobre la implicación del primer ministro en la repentina muerte del rey Ananda Mahidol. El Partido Demócrata, al ser una organización de mayor confianza en ese momento, fue el responsable de gran parte de la propaganda. Miembros de confianza del Partido Demócrata en el Parlamento afirmaban que Pridi Phanomyong había sido el artífice de la muerte del rey y que su muerte fue realmente un asesinato. Independientemente de lo que se creyera, casi nadie creía que el gobierno o la policía hubieran realizado una investigación adecuada en el momento de la muerte del rey. El caso de Pridi Phanomyong no se vio favorecido por el hecho de que su gobierno había divulgado muy poca información sobre el caso, manteniendo la mayoría de los hechos ocultos al público.

No importa si Pridi Phanomyong estuvo realmente implicado en la muerte del rey Ananda Mahidol. Al final, la población perdió la confianza en Pridi y en su gobierno, y las controversias en torno a su posible intento de asesinato debilitarían su gobierno hasta el punto de no retorno. El 21 de agosto de 1946, tras menos de apenas cinco meses como primer ministro, Pridi Phanomyong dimitió. Pridi anunciaría públicamente que dimitió debido a su mala salud, aunque es más probable que fuera obligado por su partido a hacerlo. Después de ser uno de los principales miembros de la revolución tailandesa de 1932, Pridi Phanomyong solo pasaría unos pocos años tras su regreso del exilio y los dos años posteriores a la Segunda Guerra Mundial con algún tipo de poder en el país. Tras la dimisión de Pridi Phanomyong como primer ministro, el cargo sería ocupado por varios líderes democráticos, como Khuang Aphaiwong, Seni Pramoj y Kukrit Pramoj, que ocuparían el cargo durante breves periodos de tiempo sin la estabilidad ni la seguridad anterior. Tras la muerte del rey Ananda Mahidol, el trono sería sucedido por su hermano de diecinueve años, Bhumibol Adulyadej, que pasó a ser conocido como el rey Rama IX y permanecería en el extranjero hasta 1951. Se convertiría en el monarca más longevo de Tailandia y es, hasta el presente, el segundo más longevo de todos los tiempos.

Pridi Phanomyong huyó definitivamente de Tailandia en 1947. Se trasladó a China y permaneció allí hasta 1970, cuando abandonó Asia para volver a Francia, el país que le había inspirado para liderar el movimiento revolucionario e impulsar la democracia en Tailandia en primer lugar. Tanto desde China como desde Francia, Pridi Phanomyong expresaría sus críticas a los posteriores gobiernos fascistas de Tailandia que gobernarían durante el resto de su vida. Desde que huyó de Tailandia hasta su muerte, Pridi nunca pudo ver la verdadera democracia en su país de origen, ni se le permitió regresar. Como a nadie, incluidos los extranjeros, se le permitía hablar o incluso escribir sobre la trágica muerte del rey Ananda Mahidol, hasta la muerte de Pridi Phanomyong en 1983, la mayoría lo consideraba un villano, ya que lo veían como el responsable del asesinato del rey Ananda. No sería hasta finales del siglo XX, cuando se permitió hablar de los acontecimientos que rodearon la muerte del rey Ananda, que Pridi quedaría libre de las sospechas que empañaban su nombre y sería reconocido como una importante figura revolucionaria en la historia de Tailandia. Años después, muchos expertos han defendido que, en realidad, es más probable que Phibunsongkhram (Phibun) y sus aliados fueran los responsables de la muerte del joven rey, sobre todo teniendo en cuenta lo mucho que la muerte del rey favoreció al ala militar. Sin embargo, es imposible saber lo que ocurrió realmente, ya que existen numerosas teorías sobre la muerte del joven rey.

Restablecimiento de la dictadura militar con Phibunsongkhram como primer ministro

El hecho de que la población se volviera en contra del gobierno democrático dirigido por civiles funcionó perfectamente para la facción militar de Phibun. Aunque los civiles tailandeses, así como los países extranjeros, no habían superado necesariamente la alianza de Phibun con los japoneses y su agresivo nacionalismo, estaban aún más decepcionados con Pridi Phanomyong y sus partidarios. El inteligente pero manipulador Phibun y su gobierno militar jugaron con el resentimiento de la población por las decisiones del gobierno democrático tras la Segunda Guerra Mundial. La facción militar sabía que la población estaba resentida por las reparaciones de guerra aprobadas por los demócratas, que habían causado tanto sufrimiento económico en los años posteriores a la guerra. Aunque las reparaciones de posguerra solo eran necesarias debido a la decisión de Phibun de unirse a los japoneses en la lucha contra los aliados occidentales en la Segunda Guerra Mundial, la población estaba tan descontenta con las reparaciones paralizantes que, en su lugar, dirigió sus culpas hacia el gobierno democrático. La reputación de Phibun entre la población civil y los países extranjeros también se vio favorecida por el hecho de que siempre fue abiertamente anticomunista. Su acérrimo anticomunismo fue especialmente buscado en el siglo XX, ya que el comunismo estaba creciendo en los países vecinos de Tailandia. Por ello, se ganó el respeto y el apoyo de otros líderes y países anticomunistas, como Estados Unidos.

En noviembre de 1947, los militares, dirigidos por Phibun y algunos otros generales militares que habían apoyado a Phibun durante su gobierno militar, concretamente Phin Choonhavan, dieron un golpe de estado, tomando el gobierno civil democrático. Durante el golpe, Phibun amenazó a todos los que seguían apoyando a Pridi

Phanomyong; fue durante este golpe cuando Pridi escapó por poco de Tailandia, para no volver nunca a su país.

Aunque Phibun y su partido militar habían recuperado la popularidad en el país, la facción militar era muy consciente de que la población no estaba del todo preparada para que volvieran a tomar el control del gobierno. Thawal Thamrongnavaswadhi era el primer ministro en el momento del golpe militar de 1937, y seguía apoyando discretamente a Pridi Phanomyong. En sus esfuerzos por no enfadar a los civiles y, al mismo tiempo, destituir o arrestar a todos los que seguían apoyando a Pridi Phanomyong, la facción militar nombró al democrático Khuang Abhaiwongse como primer ministro interino hasta que se pudieran celebrar unas nuevas elecciones.

En enero de 1948, unos dos meses después del golpe militar, el gobierno celebró elecciones generales y, aunque los líderes militares obtuvieron buenos resultados, la facción militar decidió mantener a Khuang Abhaiwongse como primer ministro para evitar cualquier contragolpe de los civiles democráticos. Khuang Abhaiwongse siguió siendo primer ministro, aunque su poder fue limitado por la facción militar. Al cabo de unos meses, el poder militar estaba descontento con las prácticas excesivamente democráticas de Khuang y, en abril de 1948, este se vería obligado a dimitir.

Al igual que en el reinado militar que precedió a la Segunda Guerra Mundial y durante la misma, Phibun desempeñó un papel importante en la dirección del movimiento militar. Sin embargo, el golpe de 1947 difiere del reinado militar, ya que esta vez Phibun compartió su poder político con dos generales: El general Phao Siyanon y el general Sarit Thanarat. Ambos habían ayudado a Phibun a derrocar el gobierno del Partido Popular en 1947. Durante los años siguientes, en los que el poder militar siguió creciendo, los generales Phao Siyanon y Sarit Thanarat irían ganando poder sobre Phibun, y acabarían por deponerlo del todo una década después de recuperar el poder sobre Tailandia.

En 1948, Phibun reasumiría el cargo de primer ministro, que mantendría hasta 1957. Aunque poco a poco fue perdiendo poder frente a sus homólogos más jóvenes, la rivalidad entre el general Phao Siyanon y el general Sarit Thanarat impidió que ninguno de los dos sustituyera a Phibun. A lo largo de su mandato como primer ministro, Phibun compartiría gran parte de su poder y tomaría muchas de sus decisiones con la ayuda de Phao Siyanon y Sarit Thanarat.

Al igual que el reinado de Phibun como primer ministro en la década de 1930 y principios de la de 1940, el gobierno de Phibun no era exactamente una verdadera dictadura militar. Aunque se asemejaba a una, con muchas de sus políticas inspiradas en los gobiernos fascistas, no se instauró una verdadera dictadura militar hasta que se le quitó el poder a Phibun en 1957. Dicho esto, Phibun y sus colaboradores dirigieron Tailandia con mano de hierro y reintrodujeron muchas prácticas extremas, ultranacionalistas y que atentaban contra la libertad, que Phibun había instituido durante su primer periodo como primer ministro. Para aplacar el malestar, se formó una nueva constitución con la ayuda del Partido Demócrata, antes de que Khuang Abhaiwongse y sus compañeros de partido se vieran obligados a despedirse. Sin embargo, no mucho después, Phibun y sus socios reinstauraron la constitución de 1932, que volvería a limitar muchos de los derechos de los civiles. En 1946, antes de que Phibun asumiera el cargo de primer ministro, la nación volvió a llamarse Siam para retractarse de parte del nacionalismo extremo que había llevado al cambio de nombre. Sin embargo, en 1949, Phibun y sus colegas devolvieron el nombre del país a Tailandia, la tierra de los tailandeses. Una vez más, hay que notar la ironía en este momento, ya que el nombre del país también se traduce en "tierra de los libres". Phibunsongkhram continuó con su retórica antichina, aunque esta vez, este acoso fue celebrado, ya que los chinos fuera de Tailandia se estaban volviendo cada vez más comunistas durante esta época. Phibun reintrodujo sus creencias y decretos de tendencia occidental, muchos de los cuales se consideraron negativos, pero algunos, como la mejora de la educación secundaria, supusieron cambios positivos para la nación.

En general, el comienzo del reinado de Phibun no fue, como era de esperar, abrumadoramente bien recibido. Durante los años siguientes a la asunción del cargo, Phibun y sus colaboradores tendrían que hacer frente a rebeliones, golpes de estado y disturbios de casi todas las facciones gubernamentales. Phibun sobrevivió a las rebeliones de facciones militares rivales en 1948, 1949 y 1951, aunque en 1951 fue secuestrado. El gobierno militar fue capaz de resistir los tres golpes, y en 1951, tras el breve secuestro del primer ministro, revocaron la constitución recién redactada y la sustituyeron por la de 1932, más restrictiva.

A pesar de todas las prácticas restrictivas reimpuestas por Phibun y sus asociados, el gobierno durante este periodo fue y sigue siendo celebrado por sus acciones anticomunistas. Inmediatamente después de reasumir el cargo de primer ministro, Phibun comenzó a luchar contra los comunistas tanto en el interior de Tailandia como en el exterior, en los países vecinos. Occidente empezó a darse cuenta del potencial de un país anticomunista situado tan cerca de los países comunistas de Asia, que crecían rápidamente. Phibun volvió a impulsar la supresión de los habitantes chinos en Tailandia, esta vez en nombre de la lucha contra el comunismo. Tailandia ayudó a las tropas inglesas y malayas a luchar contra los comunistas situados en el sur de Tailandia, alrededor de la frontera entre Tailandia y Malasia.

Durante la guerra de Corea, que comenzó en 1950, Estados Unidos envió dinero para ayudar al ejército tailandés. El gobierno utilizaría este dinero para enviar 4.000 soldados tailandeses para ayudar a las Naciones Unidas a luchar contra los coreanos comunistas. El apoyo financiero de Estados Unidos también fortificaría la economía tailandesa, remediando muchos de los problemas financieros existentes que venían afectando al país desde el reinado de Rama VI. Tailandia seguiría ayudando a Estados Unidos y a las Naciones Unidas a combatir la expansión del comunismo en

1954, durante la Guerra Fría, cuando Phibun ayudó a formar la SEATO (Organización del Tratado del Sudeste Asiático), que era una organización de defensa anticomunista. A pesar de los resultados de Phibun en la lucha contra el comunismo, tanto la población tailandesa como su facción militar estaban cada vez más descontentos con su uso del poder.

Teniendo en cuenta que el general Phao Siyanon y el general Sarit Thanarat se iban haciendo poco a poco más poderosos que Phibun, no debería sorprender que acabara siendo sustituido por uno de ellos. A medida que Phibun ganaba la confianza de los países extranjeros en su lucha contra el comunismo, perdía la confianza de la población y de su gobierno. Los ciudadanos de clase media y alta estaban cada vez más descontentos con los resultados económicos de Phibun. Aunque la situación económica de la nación mejorara gracias al dinero enviado por Estados Unidos, el plan económico nacionalista de Phibun estaba resultando infructuoso. Sus colegas militares estaban igualmente descontentos con su reinado, y Sarit Thanarat acabaría siendo el encargado de liderar el tan esperado golpe de estado contra el agotador reinado de Phibun. El golpe, que tuvo lugar en septiembre de 1957, derrocaría con éxito a Phibun y obligaría a exiliarse al hombre que había introducido el gobierno militar en Tailandia. Con el tiempo, Sarit Thanarat se convertiría en el primer ministro, que introduciría una verdadera dictadura militar extrema en el país.

La dictadura militar del general Sarit Thanarat y sus sucesores

En septiembre de 1957, Sarit Thanarat fue elegido mariscal de campo y se nombró un primer ministro provisional llamado Pote Sarasin. En diciembre de ese año se celebraron elecciones parlamentarias. El 1 de enero de 1958, Thanom Kittikachorn fue elegido como nuevo primer ministro, pero fue derrocado por Sarit Thanarat el 20 de octubre de 1958, debido a otro golpe militar, un sistema de derrocamiento de líderes políticos que había llegado a asolar el país en ese momento.

Aunque Sarit Thanarat era aún más fascista y extremista que su predecesor Phibun, era respetado por la población. Al día siguiente de asumir su cargo de primer ministro, o más bien de dictador, Sarit Thanarat suspendió la constitución, que sería sustituida oficialmente el 28 de enero de 1959. Durante el mandato de Sarit Thanarat, intentó limpiar Tailandia de la delincuencia y la corrupción y mejorar las prácticas y políticas económicas del país.

Sarit Thanarat solo ocupó este puesto de poder hasta su muerte en 1963, tiempo durante el cual reformaría en gran medida la nación y ayudaría a convertirla en el país que es hoy. Casi inmediatamente después de derrocar al gobierno anterior, Sarit Thanarat se hizo cargo de los problemas sociales de Tailandia. Lanzó campañas contra la corrupción en la policía nacional, trabajó para reducir el crimen organizado y puso fin al consumo y el comercio de drogas, concretamente de opio, en Tailandia. En su corto reinado, también transformó por completo el sistema educativo tailandés, que hasta entonces presentaba graves carencias en comparación con los países occidentales, lo que explica que la mayoría de los intelectuales tailandeses y los miembros de la familia real asistieran a escuelas de Europa en lugar de Tailandia.

A diferencia de los otros líderes democráticos y del dictador militar Phibun, Sarit Thanarat buscó la aprobación del rey, que en ese momento era todavía el rey Bhumibol Adulyadej (rey Rama IX). En 1960, Sarit ayudó a restablecer la influencia de la monarquía ante una nueva generación, que había crecido sin que la monarquía participara en el gobierno o la política en absoluto.

Sarit Thanarat reestructuraría por completo la política económica de la nación, que necesitaba una profunda revisión. Con la ayuda del dinero que Tailandia seguía recibiendo de Estados Unidos tras las prácticas anticomunistas de Phibun, Tailandia pudo cultivar sus propios productos y aprovechar sus propios recursos. Sarit Thanarat pasó gran parte de su tiempo en el cargo centrándose en el crecimiento del producto interno de Tailandia y en sus inversiones extranjeras. Aunque el dinero que el país recibía de Estados Unidos estaba destinado al ejército, y gran parte de él iba a parar a esa rama del gobierno, Sarit Thanarat también utilizó el dinero para construir nuevas carreteras, establecer el desarrollo económico rural, construir más escuelas y hacer más accesible la electricidad. Al igual que su predecesor Phibun, Sarit Thanarat se alió abiertamente con Estados Unidos y se opuso firmemente al comunismo, lo que era necesario para que el país siguiera recibiendo fondos de Estados Unidos.

A pesar de todos los cambios positivos que realizó Sarit Thanarat, supervisó una dictadura militar realmente agresiva. Casi inmediatamente después de asumir el liderazgo, Sarit disolvió el parlamento y, tras abolir la Constitución, suspendió todos los derechos constitucionales democráticos a los que la población había empezado a acostumbrarse. El régimen autoritario de Sarit Thanarat se caracterizó por la limitación de la libertad de expresión, que incluía la prohibición de periódicos y medios de comunicación que no favorecieran a su partido político, y la prohibición de otros partidos políticos. Aunque Sarit Thanarat era popular y logró mucho bien para la nación durante su gobierno, su reputación se volvió cada vez más negativa tras su muerte en 1963. Aunque Sarit Thanarat se había opuesto en gran medida a la corrupción de Phibun y de las fuerzas policiales, solo después de su muerte salió a la luz la verdad sobre las propias prácticas corruptas del gobernante, que perseguirían su reputación y la de sus sucesores.

En 1963, Sarit Thanarat fue sucedido por Thanom Kittikachorn, que mantuvo muchas de las prácticas de su predecesor. Thanom Kittikachorn, que contó con la ayuda de Praphas Charusathian, el viceprimer ministro de Tailandia, siguió recibiendo fondos del ejército estadounidense a cambio de más ayuda contra los países comunistas. Durante la dictadura militar de Thanom Kittikachorn, el ejército de Estados Unidos y, en 1969, más de 11.000 soldados tailandeses participaron en la guerra con Vietnam. Al igual que sus predecesores, Thanom Kittikachorn y Praphas Charusathian aceptaban dinero estadounidense que ayudaba a estimular la economía tailandesa. Aunque esto venía ocurriendo desde hacía muchos años, solo después de la muerte de Sarit Thanarat se tomó conciencia de la corrupción que rodeaba la entrada de dinero estadounidense, ya que estos fondos solo contribuían a aumentar la brecha entre los ricos y los que estaban por debajo del umbral de la pobreza.

A finales de la década de 1960, entre el descontento por el régimen autoritario opresivo del gobierno y la evidente corrupción que se producía con el dinero estadounidense, la gente, especialmente la de las clases media y trabajadora, estaba descontenta con el gobierno del país. Al parecer, una vez más, las rebeliones estarían en manos de los estudiantes. Un movimiento revolucionario, liderado por estudiantes que habían recibido educación en el extranjero y recogido los ideales democráticos en Europa, comenzó a realizar manifestaciones públicas para oponerse al gobierno fascista. El descontento de la nación seguiría aumentando entre finales de los años 60 y principios de los 70 hasta aquel fatídico día del 14 de octubre de 1973.

Capítulo 10 - La lucha por la democracia en la Tailandia moderna (1973-2020)

El levantamiento popular tailandés de 1973

A principios de la década de 1970, Tailandia había soportado veinticinco años de gobierno de dictadura militar estricta e interrumpida bajo Phibunsongkhram (Phibun), Sarit Thanarat, Thanom Kittikachorn y Praphas Charusathian. Al igual que en los años previos a la revolución tailandesa de 1932, que derrocó a la monarquía absoluta, el descontento crecía entre la población, cansada del gobierno autocrático. Estas frustraciones se manifestarían a través de diversas protestas lideradas por estudiantes a lo largo de la década de 1960 y principios de la de 1970. El dictador de Tailandia, Thanom Kittikachorn, al igual que el rey Rama VII antes de ser derrocado, era muy consciente del creciente descontento de la población. Para intentar aplacar a los civiles, Thanom introdujo algunas reformas democráticas insignificantes y prometió reconducir el país hacia un gobierno democrático una vez triunfara el comunismo, tanto en el interior como en los países vecinos. En 1971, Thanom Kittikachorn eliminaría los pequeños cambios democráticos que había introducido y reimpondría el gobierno militar, y en 1972 se creó una nueva constitución que despojaría a la población de más libertades que nunca.

En 1972, estudiantes de diferentes universidades de Tailandia formaron el Centro Nacional de Estudiantes de Tailandia (NSCT), con Thirayuth Boonmee, un estudiante de ingeniería, como la cara del movimiento. A lo largo de 1972 y 1973, el NSCT organizaría docenas de protestas no violentas, cuyo objetivo era denunciar la corrupción del gobierno tailandés, la ocupación militar estadounidense y el maltrato a los civiles. Tras una campaña realmente exitosa contra las empresas japonesas corruptas, el movimiento estudiantil consiguió más de 100.000 miembros y la confianza necesaria para abordar la tarea de derrocar a su propio gobierno. El gobierno militar no impidió que los estudiantes protestaran siempre que fuera de forma no violenta, y el rey de Tailandia incluso los alentó.

En otoño de 1973, el movimiento había reunido casi medio millón de seguidores. A lo largo de los meses que precedieron a la revolución de octubre, el Centro Nacional de Estudiantes de Tailandia creó en secreto una nueva constitución e intentó recoger firmas de funcionarios del gobierno y figuras públicas que se oponían al régimen militar. Sin embargo, a finales de septiembre y principios de octubre, la policía comenzó a detener a los manifestantes y se volvió más agresiva contra los partidarios del movimiento. Toda esta tensión culminó el 14 de octubre de 1973.

El 14 de octubre de 1973, los manifestantes liderados por los estudiantes inundaron las calles y rodearon el palacio real, intentando hablar con el rey para pedirle que disolviera el gobierno militar. A pesar de que la protesta comenzó hacia el amanecer, el 14 de octubre reunió a más gente que nunca, y este grupo más numeroso significaba que la policía no podría disolver o detener fácilmente a todos los manifestantes. Para intentar dispersar al numeroso grupo de manifestantes, la policía lanzó gases lacrimógenos y se mostró aún más agresiva con el grupo que antes. Esta violencia fue respondida con disturbios por parte de los estudiantes, a los que la policía respondió trayendo coches blindados, tanques, helicópteros y tropas militares. Se dispararon ametralladoras desde todos los ángulos, y la multitud se dispersó caóticamente, tratando de encontrar cobertura. Sin embargo, muchos de los edificios circundantes estaban ocupados por funcionarios del gobierno, y otros refugios, como las cabinas de la policía, habían sido incendiados por los alborotadores. Finalmente, tras más de medio día de protestas y disturbios, el rey intervino para evitar más derramamiento de sangre y declaró que Thanom Kittikachorn y Praphas Charusathian habían dimitido y huido del país. Solo cuando la protesta llegó a su fin se conoció toda la gravedad de los brutales enfrentamientos. La violencia del 14 de octubre de 1973 mató al menos a setenta personas e hirió a cientos. Se calcula que al menos 800 personas resultaron gravemente heridas.

Un breve periodo de democracia tras el levantamiento popular tailandés de 1973

Dado que el rey Bhumibol (Rama IX) había ganado más influencia a lo largo de las dictaduras de Sarit Thanarat y sus predecesores, sería él quien llamaría al fin de los combates durante la brutal revolución de 1973. También nombró al nuevo primer ministro, el Dr. Sanya Dharmasakti (o Thammasak), que fue presidente del Tribunal Supremo, consejero cercano al rey y antiguo decano de la Universidad de Thammasat. En un discurso pronunciado por el Dr. Sanya Dharmasakti tras ser nombrado primer ministro interino de Tailandia, declaró que redactaría una nueva constitución, formaría un nuevo gobierno y encaminaría al país hacia la democracia lo antes posible. El Centro Nacional de Estudiantes de Tailandia (NSCT), que había ayudado a derrocar a los predecesores de Sanya Dharmasakti, colaboraría en la creación de la nueva constitución y ayudaría a evitar las contramanifestaciones y la violencia contra el nuevo líder democrático de la nación. La ardua labor del NSCT sería apreciada por el gobierno y la monarquía hasta que se disolvió exactamente un mes después de la protesta revolucionaria del 14 de octubre de 1973. La nueva constitución democrática de Sanya Dharmasakti se promulgó en 1974 y, bajo su liderazgo, el país tuvo otro breve periodo libre de gobiernos autocráticos. Aunque Thanom Kittikachorn se vio obligado a huir de Tailandia tras los acontecimientos de la revuelta popular de 1973, mantuvo su cargo de comandante supremo de las fuerzas armadas, que operaba desde el extranjero, lo que le permitió conservar un poder significativo dentro del país.

Regreso al gobierno militar

Aunque Tailandia se liberó por fin de la dictadura militar que había controlado el país durante más de un cuarto de la década, la nación estaba, una vez más, lejos de la paz. Tras la separación del Centro Nacional de Estudiantes de Tailandia (NSCT) en 1973, los estudiantes democráticos de izquierdas se dividieron en grupos estudiantiles más pequeños que se fueron radicalizando gradualmente a lo largo de los años posteriores al levantamiento popular tailandés. La opinión pública de sus creencias izquierdistas radicales no se vio favorecida por el hecho de que el gobierno no pudiera triunfar sobre los crecientes gobiernos comunistas de los países vecinos, concretamente de Vietnam, Camboya y Laos. El gobierno de Sanya Dharmasakti era inestable, y la población estaba cada vez más temerosa de la posible expansión del comunismo por toda Tailandia.

Aunque el gobierno militar fascista había despojado a la población de muchos de sus derechos, al menos tenía la capacidad militar para luchar contra las crecientes amenazas comunistas de dentro y fuera del país. Los civiles de clase media y trabajadora empezaron a formar grupos anticomunistas para protestar contra el gobierno de izquierdas y rivalizar con los grupos estudiantiles democráticos casi comunistas. La población, incluso la de tendencia izquierdista, sentía que Tailandia necesitaba un gobierno más fuerte que las crecientes amenazas comunistas, y se sintió insatisfecha con el inestable régimen democrático del gobierno. El descontento de la población creció y culminó en la sangrienta y violenta masacre del 6 de octubre de 1976 entre los dos grupos enfrentados. Mientras crecía el descontento de la población, Thanom Kittikachorn regresó a Tailandia. A pesar de la agresividad de su política unos años antes, a su regreso fue apreciado y celebrado por la familia real y gran parte de la población del país. En 1976, con el apoyo del rey Rama IX y de los descontentos civiles de la clase media y trabajadora, los militares derrocaron al gobierno democrático y restablecieron el régimen autoritario. Aunque sería el regreso de Thanom Kittikachorn a Tailandia lo que provocaría otro golpe, no participó directamente en el nuevo gobierno militar.

Considerando que el fin de la democracia traería consigo otro gobierno militar fascista, los que no estaban de acuerdo con el cambio de gobierno se vieron obligados a pasar a la clandestinidad. Muchos de los estudiantes y civiles radicales de izquierdas que se habían opuesto al gobierno militar y habían contribuido a derribar el régimen militar durante la dictadura de Thanom Kittikachorn se escondieron en las selvas del país. El malestar original de la población hacia estos grupos estudiantiles de izquierda radical no era infundado, ya que muchos de los estudiantes extremistas pasarían a formar parte de grupos comunistas, concretamente del Ejército Popular de Liberación de Tailandia (PLAT), que más tarde se conocería como Partido Comunista de Tailandia.

El nuevo gobierno militar, dirigido por Thanin Kraivichien, se apresuró a reinstaurar las prácticas autoritarias extremas a las que el país se había acostumbrado en las décadas anteriores. Casi inmediatamente después de tomar el poder, Thanin Kraivichien y su gobierno militar abolieron la constitución democrática de Sanya Dharmasakti y disolvieron el parlamento. Aunque el gobierno militar había colocado a Thanin Kraivichien en el papel de primer ministro para sustituir al anterior gobierno democrático, muy pronto se volvió extremista de una manera que incluso el gobierno militar sabía que no sería aceptada, especialmente tan rápido después de sustituir la democracia. Con el aumento de la amenaza del Partido Comunista de Tailandia y con el gobierno de Thanin Kraivichien centrado únicamente en los asuntos militares externos, la población volvía a estar descontenta con la dirección del país. En 1977, el gobierno militar dio otro golpe de estado contra su propio líder, que fue sustituido por el general Kriangsak Chomanan, menos extremista.

Un cambio democrático en el gobierno militar

Aunque Thanin Kraivichien había sido nombrado primer ministro por el gobierno militar autoritario, sus opiniones militares y políticas acérrimas de derecha eran demasiado extremas incluso para los militares. Fue sustituido por Kriangsak Chomanan, que estaba en el extremo opuesto del espectro. Al final, resultó ser demasiado democrático para los militares. Kriangsak Chomanan ayudó a establecer algunas prácticas democráticas en el gobierno, como compartir el proceso de toma de decisiones con un parlamento, una práctica que había sido eliminada por su predecesor. Bajo el mandato de Kriangsak Chomanan, el gobierno incorporó a más civiles a los puestos oficiales, lo que, a su vez, devolvería algo de poder al pueblo de Tailandia. También concedió indultos a los estudiantes revolucionarios radicales de izquierda, que habían sido encarcelados por sus opiniones extremas en la masacre de 1976 y cuando Thanin Kraivichien tomó el control del país. Kriangsak Chomanan pondría en marcha rápidamente una nueva constitución más democrática, y afirmó que pensaba dar más poder al parlamento en años posteriores. La época de Kriangsak Chomanan marcó un momento extraño en el país. Durante su mandato, la guerra contra el comunismo en los países circundantes seguiría haciendo estragos, dejando a muchos refugiados de la guerra intentando entrar en las fronteras de Tailandia. Esto le obligaría a ajustar las estrictas políticas de inmigración del país para aceptar a los refugiados que llegaban, procedentes en su mayoría de Camboya. Aunque su tiempo como líder de Tailandia fue breve, lograría muchas reformas democráticas importantes que ayudarían a dirigir el país hacia un gobierno autoritario menos agresivo en los años siguientes. En 1979, los militares estaban cada vez más descontentos con las prácticas de tendencia democrática de Kriangsak Chomanan. A diferencia de los primeros ministros anteriores, que casi todos habían dimitido debido al resentimiento público tras un golpe de estado, Kriangsak Chomanan dimitió voluntariamente. Tras su dimisión en 1980, el puesto de primer ministro lo ocuparía Prem Tinsulanonda.

Prem Tinsulanonda es recordado sobre todo por haber eliminado las amenazas comunistas dentro de Tailandia. Aunque la Guerra Fría seguía haciendo estragos durante su etapa como primer ministro, la población de Tailandia y de otros países extranjeros empezaba a creer que las creencias anticomunistas extremas de los anteriores primeros ministros de Tailandia estaban anticuadas. El general Prem Tinsulanonda negoció con el Partido Comunista de Tailandia y concedió la amnistía a todos los insurgentes tailandeses, muchos de los cuales se habían unido al movimiento comunista cuando solo eran jóvenes estudiantes universitarios. Con Prem Tinsulanonda como primer ministro, la situación económica de Tailandia mejoró enormemente. Sin embargo, a pesar de sus mejoras para la comunidad, seguía siendo más autocrático y militar y menos democrático que su predecesor. A lo largo de su mandato, se produjeron numerosas rebeliones y golpes de estado contra Prem Tinsulanonda y su gobierno militar, y la oposición llegó incluso a intentar asesinarlo. Consciente del resentimiento de la opinión pública hacia él, Prem Tinsulanonda convocaría elecciones generales en 1988. Posteriormente sería sustituido como primer ministro por Chatichai Choonhavan, quien había obtenido el mayor número de votos en esas elecciones, convirtiéndose en el primer jefe de gobierno elegido desde el restablecimiento del gobierno militar.

La era de los negocios

Chatichai Choonhavan, líder del Partido Chart Thai (Partido de la Nación Tailandesa), sería elegido primer ministro de Tailandia, quien ayudaría a establecer un gobierno parlamentario inestable en lugar de un gobierno militar en Tailandia. Chatichai Choonhavan trató de mejorar no solo la situación financiera de Tailandia, sino también la economía del sudeste asiático en su conjunto. Tras las guerras comunistas que habían asolado la región durante años, Chatichai Choonhavan afirmó que quería transformar Indochina de un campo de batalla a un mercado. Chatichai llenó su gobierno de ricos empresarios, y aunque ayudó a mejorar la situación económica de la nación y de la región, sus prácticas fueron extremadamente corruptas. Después de que se revelara que los cargos políticos se compraban y vendían ilegalmente, Chatichai Choonhavan fue derrocado en un golpe de estado por el Consejo Nacional de Paz en 1991.

El golpe fue dirigido por el general Sunthorn Kongsompong y el comandante en jefe Suchinda Kraprayoon, y aunque el primero tendría un papel más importante en el derrocamiento del gobierno de Chatichai Choonhavan, el segundo acabaría siendo la figura del movimiento. Aunque Chatichai Choonhavan no fue respetado una vez que se revelaron las verdaderas prácticas corruptas de su gobierno, al menos fue elegido democráticamente por el pueblo. El derrocamiento de su gobierno preocupó a la población, que no quería perder de nuevo sus privilegios democráticos. Para aplacar a los civiles, la junta del Consejo Nacional de Mantenimiento de la Paz aseguró a la población que se celebrarían elecciones adecuadas y que el respetable empresario Anand Panyarachun sería nombrado primer ministro interino. Aunque Anand Panyarachun fue nombrado por el Consejo Nacional de Mantenimiento de la Paz, dirigido por los militares, no se alineó con ellos políticamente y discrepó abiertamente de sus prácticas.

El mayo negro (o sangriento) de Tailandia

Durante las elecciones generales de 1992 en Tailandia, Narong Wongwan, del Partido de la Unidad de la Justicia, fue elegido como nuevo primer ministro. Sin embargo, nunca llegó a asumir realmente el cargo, ya que se vio envuelto en un escándalo poco después de ser elegido. En su lugar, el cargo de primer ministro fue otorgado al general Suchinda Kraprayoon, uno de los principales miembros de la junta que derrocó al gobierno de Chatichai Choonhavan. El general

Suchinda Kraprayoon asumió el cargo, a pesar de que había asegurado a la población que no se convertiría en primer ministro ni se presentaría a él tras su golpe de Estado extremo solo unos años antes.

La población no estaba contenta con este cambio, ya que no había elegido al general Suchinda Kraprayoon y también debido a sus promesas de que no asumiría el cargo de líder. Su ascenso al cargo fue recibido con descontento por parte de las clases medias y trabajadoras. Lideradas por Chamlong Srimuang, formaron movimientos de resistencia y demostraron su descontento con numerosas protestas a gran escala.

El país volvió a dividirse, esta vez entre los que apoyaban a Suchinda Kraprayoon, principalmente los militares y el gobierno, y los liderados por Chamlong Srimuang, en su mayoría civiles, que querían conseguir por fin una democracia estable en el país. A diferencia de las revoluciones anteriores, el movimiento democrático no estaba liderado por estudiantes, sino por un político tailandés y ex general del ejército. El malestar de la población culminaría en mayo de 1992, que se conocería como el Mayo Sangriento o el Mayo Negro de Tailandia. Chamlong Srimuang lideró a más de 200.000 manifestantes en Bangkok, donde se encontraron con la resistencia y la violencia de los militares pro-Suchinda Kraprayoon. Aunque la batalla solo duró tres días, entre el 17 y el 20 de mayo de 1992, se considera uno de los periodos más sombríos de la historia moderna de Tailandia. Al igual que el levantamiento popular tailandés de 1973, la violencia del Mayo Sangriento solo llegó a su fin cuando intervino el rey Bhumibol (Rama IX). El rey Bhumibol convocó al democrático Chamlong Srimuang y al derechista Suchinda Kraprayoon y les dirigió un famoso discurso. En las palabras traducidas del rey Bhumibol: «La nación pertenece a todos, no a una o dos personas concretas. Los que se enfrenten entre sí serán todos los perdedores. Y el perdedor de los perdedores será la nación... ¿Para qué te dices a ti mismo que eres el ganador cuando estás sobre las ruinas y los escombros?». Solo después de que el rey convocara a ambos líderes rivales, el país pudo rendir cuentas de los daños causados durante los tres días de violencia. El Mayo Sangriento se saldaría con miles de detenciones, cientos de civiles heridos y cientos de desapariciones inexplicables. Aunque se informó oficialmente de menos de cien muertes, muchos creen que hubo cientos de muertes más que se ocultaron a la opinión pública o de las que nunca se informó. Al perder casi todo el apoyo de la opinión pública tras la violencia en la capital del país, Suchinda Kraprayoon dimitió como primer ministro, y el rey volvió a nombrar a Anand Panyarachun como primer ministro interino hasta que Tailandia pudiera celebrar unas elecciones adecuadas.

El gobierno más democrático hasta la fecha
Gobierno democrático

El periodo que siguió al Mayo Negro de Tailandia en 1992 sería el más democrático de la nación hasta la fecha. Los pocos meses que Anand Panyarachun pasó como primer ministro supusieron muchos cambios democráticos para la población, hasta llegar a unas elecciones democráticas en septiembre de ese año. En contraste con muchos otros países extranjeros, que solo tienen dos o quizás tres partidos principales, en las elecciones de septiembre de 1992 en Tailandia había cinco partidos de los doce elegibles que acumulaban recuentos de votos competitivos. Con los votos repartidos entre estos cinco partidos, ningún partido obtendría la mayoría absoluta en estas elecciones ni en las siguientes, celebradas en 1995 y 1996. Dicho esto, el Partido Demócrata, fundado en 1946 por Khuang Aphaiwong, encabezó el gobierno durante la siguiente década gracias a sus exitosas coaliciones.

En 1992, el Partido Demócrata de Tailandia estaba encabezado por Chuan Leekpai, un antiguo abogado que se había unido al Partido Demócrata y se había convertido en diputado en 1969. En 1991, Chuan Leekpai había ascendido en las filas del partido, y en 1992, cuando el Partido Demócrata se hizo con el gobierno, Chuan Leekpai se convirtió en primer ministro del país. El recién elegido primer ministro comenzaría inmediatamente a hacer reformas sociales democráticas, entre ellas avanzar en la igualdad de la mujer y rebajar la edad de voto a los dieciocho años para permitir que un margen más amplio de la población pudiera elegir a los futuros políticos. También estableció un tribunal administrativo y amplió la Cámara de Representantes.

A pesar de las rápidas reformas políticas y socialdemócratas de Chuan Leekpai, tardó mucho en hacer reformas económicas. Aunque contaba con el apoyo de la población democrática de izquierdas, su enfoque de las finanzas tailandesas dejó insatisfecha a una buena parte de la población. Aunque la división había ido creciendo gradualmente durante años, fue durante el mandato de Chuan Leekpai cuando la población civil de Tailandia se dividió realmente entre las creencias políticas democráticas de izquierda y las conservadoras de derecha. Bangkok y los pueblos y grandes ciudades del sur de la nación se encontrarían dominados por la población más democrática, mientras que los del noreste y las llanuras centrales del país se inclinaban más hacia las creencias conservadoras pro-militares.

A medida que la situación financiera de Tailandia seguía empeorando, la opinión pública de Chuan Leekpai, especialmente la de los tailandeses más conservadores, también empeoraba. Tailandia celebró otras elecciones generales en 1995, y esta vez Chuan Leekpai no salió vencedor. Dicho esto, Chuan Leekpai sería reelegido en 1997.

Banharn Silpa-archa y Chavalit Yongchaiyudh, respectivamente, fueron los primeros ministros del país entre los dos periodos de Chuan Leekpai. La etapa del primero como primer ministro duró poco debido a los escándalos de corrupción, y el segundo heredaría uno de los peores periodos económicos de la nación hasta la fecha. En 1997, mientras Chavalit Yongchaiyudh ejercía de primer ministro, la moneda tailandesa, el baht, se depreció gravemente en comparación con el dólar estadounidense de la época. La devaluación del baht provocaría esencialmente la crisis financiera asiática, que arruinaría por completo la economía de Tailandia y de otros países del sudeste asiático en los años siguientes. Antes de que finalizara 1997, el mercado de valores tailandés se desplomaría por completo, y la nación adquiriría una grave deuda debido a la necesaria ayuda financiera del Fondo Monetario Internacional (FMI), que solo contribuiría a paralizar su economía en los años siguientes. Aunque muchos asocian la crisis económica del país con las malas prácticas económicas de Chuan Leekpai en los años anteriores a la crisis financiera asiática, Chavalit Yongchaiyudh se llevaría la peor parte y dimitiría a finales de 1997. El país volvió a celebrar elecciones en 1997, y Chuan Leekpai fue elegido de nuevo primer ministro. Durante el segundo mandato de Chuan Leekpai, el gobierno fue inestable, como lo habían sido los dos gobiernos democráticos de sus predecesores. Aunque el gobierno de Chuan Leekpai promulgaría una nueva constitución que permitiría a la población las mayores libertades democráticas que jamás habían visto, ya que la constitución se había completado durante el mandato de Chavalit Yongchaiyudh, Chuan Leekpai hizo poco para ayudar a la economía en dificultades. Chuan Leekpai mantendría su cargo de primer ministro hasta las elecciones del país en 2001.

La era Thaksin

A Chuan Leekpai le sucedió Thaksin Shinawatra, fundador del partido Thai Rak Thai ("Los tailandeses aman a los tailandeses"). Thaksin Shinawatra se había formado originalmente para ser policía e incluso obtuvo una beca para estudiar justicia penal en Estados Unidos para avanzar en su carrera. Durante los años siguientes a la obtención de sus títulos, Thaksin Shinawatra ascendió en el cuerpo de policía y dedicó gran parte de su tiempo libre a la tecnología informática, para la que estaba muy dotado. Lamentablemente, no pudo encontrar empleo en ese campo, ya que era la década de 1980. Hacia finales de los 80, Thaksin Shinawatra dejaría el cuerpo y empezaría a invertir tiempo y dinero en sus negocios tecnológicos, acompañado por su mujer, Potjaman. El camino no fue fácil para la pareja, pero a finales de la década, la dedicación de Thaksin Shinawatra dio sus frutos, ya que fundaría una operadora de telefonía móvil y una empresa de telecomunicaciones que, en los años 90, le convertirían en una de las personas más ricas de Tailandia.

Thaksin Shinawatra había rozado la política a lo largo de su carrera, pero no sería hasta 1994 cuando se interesaría por formar parte de la esfera política. En 1998, fundó el partido Thai Rak Thai (TRT), que sería elegido como partido de gobierno en las elecciones de 2001. Thaksin Shinawatra sucedería oficialmente a Chuan Leekpai como primer ministro en febrero de ese año. En muchos sentidos, Thaksin se convirtió en el político que gran parte de la población había estado esperando, ya que entendía la economía, creía en la democracia y se alineaba políticamente con las opiniones de la población más conservadora del norte y el noreste de Tailandia. Con su impresionante historial empresarial, también contaba con el apoyo de la élite empresarial tailandesa.

Cuando Thaksin y su partido asumieron el cargo a principios de 2001, se dedicó casi inmediatamente a cumplir las promesas que había hecho durante su campaña. Las rápidas reformas fueron un cambio bienvenido, ya que sus predecesores fueron criticados por su ineficacia y lentitud. Thaksin aumentó su popularidad entre la población rural, ya que inició el desarrollo rural y planteó el alivio de la deuda agraria. Durante su mandato como primer ministro, Thaksin Shinawatra estableció un sistema de salud más asequible y accesible para ayudar a la población con menos ingresos de Tailandia e invirtió y reformó el sistema educativo. Thaksin fue muy respetado por sus rápidas acciones durante todo su mandato. Esto no se limitó a cumplir sus promesas de campaña, sino también a su respuesta al tsunami del océano Índico de 2004.

A pesar de todas las reformas positivas realizadas por Thaksin a lo largo de su mandato como primer ministro, sus prácticas empresariales privadas lo convirtieron en un líder algo controvertido. Antes de ser elegido primer ministro, Thaksin Shinawatra y su partido

Thai Rak Thai financiaban las campañas y la publicidad con fondos privados, gran parte de los cuales procedían de sus propios recursos financieros. Como esto no se había hecho antes, muchos consideraron esta práctica como una compra de votos. A lo largo de su mandato, tuvo que enfrentarse a numerosos juicios por diferentes motivos relacionados con sus prácticas financieras y empresariales secretas. Aunque sería reelegido en las siguientes elecciones, y aunque era extremadamente popular y muy elogiado, la época de Thaksin en el cargo estuvo marcada por el increíble escrutinio relacionado con su posible fraude, corrupción y amiguismo.

En 2005 se celebraron elecciones y, por primera vez en la historia de Tailandia, Thaksin Shinawatra y su partido Thai Rak Thai ganaron por mayoría absoluta, lo que daría al partido la mayoría de los escaños del parlamento y daría a Thaksin, en última instancia, más control del que tenían sus predecesores democráticos. Sin embargo, antes de que pasara un año, Thaksin se volvería cada vez más polémico. A principios de 2006 vendería su empresa de telecomunicaciones, fundada por él mismo, pero mantuvo el secreto sobre los impuestos que implicaba el proceso de venta. Además, Thaksin Shinawatra había empezado a aprovechar la vejez del rey Bhumibol en un intento de obtener más poder antes de que el sucesor del rey tomara el mando. Para echar más leña al fuego, en sus últimos años, Thaksin Shinawatra abordaba las insurgencias extranjeras con la fuerza militar en lugar de con soluciones políticas. En general, la población quedó descontenta con su otrora amado líder, ya que parecía que intentaba manipular a la familia real, al parlamento y a la población.

Hacia finales de 2005 crecía el resentimiento de la población, que se manifestaba a través de concentraciones celebradas en la capital del país. El movimiento de resistencia, dirigido por la clase media urbana, pasó a conocerse oficialmente como Alianza Popular para la Democracia (PAD) y extraoficialmente como los Camisas Amarillas, ya que, como su nombre indica, vestían camisetas amarillas en sus mítines. Aunque Thaksin era consciente del creciente descontento urbano, seguía confiando en el apoyo de la población rural y, a principios de 2006, convocó elecciones para demostrar su popularidad. Aunque su partido ganó por mayoría, las elecciones fueron boicoteadas y los resultados fueron declarados inválidos. Aunque Thaksin permaneció como primer ministro interino durante todo el año, en otoño fue derrocado por un golpe militar dirigido por Sonthi Boonyaratglin, que asumiría el liderazgo hasta ser sustituido por Surayud Chulanont. Thaksin Shinawatra se exiliaría del país y sus finanzas seguirían siendo investigadas. En 2008, Thaksin fue procesado y cumplió condena por corrupción.

Surayud Chulanont ocuparía el cargo de líder hasta que el país celebrara sus primeras elecciones tras el golpe de Estado de Thaksin Shinawatra en 2008. Samak Sundaravej, que ayudó a formar su Partido del Poder Popular (PPP), favorable a Thaksin, fue elegido primer ministro en las elecciones de 2008. Teniendo en cuenta su apoyo al derrocado primer ministro, muchos creyeron que Samak Sundaravej y su gobierno estaban controlados por Thaksin Shinawatra entre bastidores, aunque nunca se demostró que estas afirmaciones fueran ciertas. Sin embargo, independientemente de la implicación o no de Thaksin Shinawatra en el gobierno, la población urbana de clase media que había protestado contra el liderazgo de Thaksin no estaba satisfecha con su nuevo gobierno.

Protestas de los Camisas Amarillas y los Camisas Rojas

Teniendo en cuenta que el recién elegido Partido del Poder Popular era completamente pro-Thaksin, el malestar político siguió creciendo. Los Camisas Amarillas (Alianza Popular para la Democracia, o PAD), que era un grupo democrático de resistencia a Thaksin cada vez más numeroso, siguieron organizando protestas tras la elección de Samak Sundaravej como primer ministro. Consideraban que no se había producido ningún cambio con respecto a su última protesta, que había contribuido a derrocar a Thaksin, ya que Samak Sundaravej no era esencialmente diferente de su predecesor. Creían que Samak se limitaba a sustituirlo hasta que el gobierno pudiera volver a poner a Thaksin en el cargo. En septiembre de 2008, Samak Sundaravej, que se vio obligado a dimitir por aceptar ilegalmente pagos por aparecer en programas de cocina de televisión, fue sucedido por Somchai Wongsawat, que en realidad era cuñado de Thaksin.

La elección del cuñado de Thaksin, Somchai Wongsawat, provocó, como era de esperar, un importante malestar político en el país, especialmente en el movimiento de los Camisas Amarillas (PAD). Para oponerse al creciente movimiento de los Camisas Amarillas contra Thaksin, los que seguían siendo partidarios de Thaksin formaron un movimiento rival llamado Frente Unido para la Democracia contra la Dictadura (UDD), que, de forma parecida a su oposición, pasó a ser conocido como los Camisas Rojas por el color de su uniforme. Muchos de los Camisas Rojas vivían en las zonas rurales del norte y el noreste de Tailandia, aunque también había algunos simpatizantes urbanos del movimiento.

A lo largo de los años siguientes, los dos grupos se enfrentaron en numerosas ocasiones: los miembros del PAD, de camisa amarilla, protestaban con la esperanza de elegir un nuevo gobierno anti Thaksin, y los del UDD, de camisa roja, apoyaban a Thaksin y a los gobiernos de sus sucesores. En 2008, la PAD anti Thaksin inundó los aeropuertos de Bangkok con manifestantes, que se volvieron violentos con bastante rapidez. Solo unos meses después, el 2 de diciembre de 2008, Somchai Wongsawat fue destituido por la fuerza y sustituido por el líder del Partido Demócrata, Abhisit Vejjajiva. Mientras tanto, los Camisas Rojas del UDD organizaron sus propias protestas, que se hicieron mucho más frecuentes y agresivas tras la destitución de Somchai Wongsawat.

Las protestas de los Camisas Rojas culminarían a principios de 2010 tras la acusación de culpabilidad de Thaksin por corrupción durante su etapa como primer ministro. El movimiento pro Thaksin protestó tanto por la orden del gobierno de incautar la fortuna de

Thaksin como por la sustitución de Somchai Wongsawat, a quien exigían la dimisión. En marzo de ese año, los Camisas Rojas inundaron el distrito comercial de Bangkok, donde protestaron durante dos meses. Aunque el primer mes de protestas fue mayoritariamente no violento, a mediados de abril el gobierno se volvió más agresivo con la ocupación de los Camisas Rojas del distrito comercial de la ciudad. Como resultado, el segundo mes de protestas se volvió cada vez más violento hasta mayo, cuando los militares finalmente utilizaron la fuerza para desalojar a los manifestantes. Esto terminaría en una sangrienta batalla el 19 de mayo, con centros comerciales incendiados, cientos de manifestantes detenidos y/o heridos, y casi 100 personas muertas.

Estas protestas no les reportarían ningún éxito real hasta julio de 2011, cuando se eligió el Partido Phak Puea Thai (PPT) pro Thaksin, con la hermana menor de este, Yingluck Shinawatra, a la cabeza. Aunque Yingluck Shinawatra se convertiría en la primera mujer primer ministro de Tailandia, era una líder muy controvertida. Su elección fue recibida con malestar político por parte de los miembros de la Alianza Popular para la Democracia (el movimiento de los Camisas Amarillas), que creían que solo era una sustituta de su hermano. Al principio de su mandato, ayudó rápidamente a los afectados por las fuertes lluvias monzónicas del país, pero su opinión pública positiva duró poco. Primero, Yingluck Shinawatra se vio envuelta en un escándalo de venta corrupta de arroz, que acabó por paralizar en gran medida la economía tailandesa, y luego su gobierno intentó introducir un proyecto de ley de amnistía. Este proyecto de ley habría concedido la amnistía a todos los políticos implicados en el drama político de los años anteriores, incluido Thaksin. Por supuesto, esto se encontró con las protestas políticas de los Camisas Amarillas. Poco después de intentar aprobar el proyecto de ley de amnistía, Yingluck Shinawatra se vería obligada a dimitir, y su puesto sería ocupado de nuevo por un primer ministro interino.

El fin de la democracia y el comienzo de una nueva dictadura militar

El sucesor interino de Yingluck Shinawatra, Niwattumrong Boonsongpaisan, estuvo en el cargo unas dos semanas antes de que el gobierno fuera derrocado de nuevo por otro golpe militar en 2014, esta vez dirigido por el miembro de más alto rango del ejército tailandés, el general Prayuth Chan-ocha (o Prayut Chan-o-cha). En mayo de 2014, el general Prayuth Chan-ocha asumió el cargo de primer ministro de la nación, cargo que sigue ocupando a principios de 2021. El general Prayuth Chan-ocha invocaría inmediatamente la ley militar, y aunque ciertamente no era la primera vez que la población de Tailandia soportaba una dictadura militar autoritaria, el cambio de poder fue increíblemente difícil, ya que la nación se había acostumbrado bastante a la democracia.

El gobierno militar de Prayuth Chan-ocha trató de establecer la estabilidad en el país que se había enfrentado a tantas luchas por el poder en los años transcurridos desde la caída de la monarquía; así, su gobierno pasó a ser conocido como el Consejo Nacional para la Paz y el Orden (NCPO). En el año siguiente al golpe de Estado de 2014, Prayuth Chan-ocha despojó a la población de muchos de sus derechos democráticos bajo la ley marcial. Rápidamente impuso el toque de queda, limitó las reuniones públicas, prohibió los medios de comunicación que se manifestaban en contra de su gobierno y quitó el derecho a protestar tanto a los movimientos de los Camisas Rojas como de los Camisas Amarillas. El 1 de abril de 2015, poco menos de un año después de asumir el liderazgo del país, Prayuth Chan-ocha levantó la ley marcial y creó una constitución, que sufrió muchas alteraciones en los meses siguientes hasta que finalmente se publicó en agosto de 2016. El 13 de octubre de 2016, el rey Bhumibol (rey Rama IX), el monarca que había devuelto el protagonismo y la influencia a la familia real tailandesa, falleció a los ochenta y ocho años. Le sucedió su hijo Vajiralongkorn, que se convertiría en el rey Rama X, el décimo rey del país en una cadena familiar ininterrumpida de monarcas conocida como la dinastía Chakri. Al rey Vajiralongkorn se le asocia con muchas controversias; se desconoce su alcance, ya que tras ascender al trono, Prayuth Chan-ocha promulgó estrictas leyes de lesa majestad, que impiden a cualquiera hablar mal del rey dentro o fuera del país. Estas leyes de lesa majestad son un ejemplo más del estricto régimen autoritario de Prayuth Chan-ocha, que molesta tanto a la población de Tailandia como a los países extranjeros con los que Tailandia mantenía fuertes alianzas. En respuesta a las presiones extranjeras, Prayuth Chan-ocha prometió que el país celebraría elecciones en 2017 y, aunque estas se retrasarían, Tailandia celebraría sus primeras elecciones desde que fue sometida a un régimen marcial en 2019. Prayuth Chan-ocha fue reelegido como primer ministro, y su gobierno sigue en el poder a partir de enero de 2021.

Conclusión

A partir de enero de 2021, Tailandia sigue dirigida por un gobierno militar, lo que puede sorprender a quienes no conozcan a fondo la tumultuosa historia política del país. Entre los años 1238 y 1932, el país estuvo dirigido por una monarquía absoluta. Durante los periodos de Sukhothai, Ayutthaya y Thonburi, los reyes ayudarían a forjar gran parte de la cultura única de la nación mediante el establecimiento de sus tradiciones, religión e idioma. En 1782, el rey Rama I, el primer miembro de la dinastía Chakri, aún en el poder, subió al trono y trasladó la capital a Bangkok. Entre 1782 y 1932, el país, controlado por Rama I y sus parientes, establecería su presencia global y modernizaría muchas de sus prácticas, creencias y tradiciones hasta convertirlas en lo que son hoy. Aunque Tailandia, entonces conocida como Siam, pasó toda su historia hasta el siglo XX bajo un régimen monárquico absoluto, los países extranjeros fueron desarrollando sus propios gobiernos, separados de la corona gobernante. Serían estudiantes tailandeses educados en Occidente, que habían empezado a conspirar en Europa, los que derrocarían y acabarían finalmente con la monarquía absoluta mediante la revolución tailandesa de 1932.

Tras la revolución tailandesa de 1932, el gobierno casi nunca fue estable, ya que cambiaba constantemente entre gobiernos democráticos y militares autoritarios. Lo curioso es que cada vez que los demócratas asumían el poder, Tailandia necesitaba un gobierno más estricto para superar los problemas económicos o las amenazas militares, y cada vez que el gobierno militar asumía el poder, ayudaba a resolver esos problemas, pero llevaba su gobierno autocrático demasiado lejos, despojando a la población de sus derechos, lo que terminaba en protestas y revoluciones. Desde hace seis años, el gobierno ha vuelto a la dictadura militar. Sin embargo, quién sabe cuánto durará, ya que el país nunca ha sido capaz de lograr un equilibrio entre las dos formas radicales de gobierno.

Vea más libros escritos por Captivating History

Bibliografía

Ancient Origins. "Kingdom of Sukhothai and the Birth of Thailand". Ancient Origins. April 17, 2020. Consultado en diciembre 2020. https://www.ancient-origins.net/ancient-places-asia/sukhothai-kingdom-0013580.

Anto, Meiri. "Thai Students Overthrow Military Thanom Regime, 1973". Global Nonviolent

Action Database. May 13, 2013. Consultado en enero 2021.

https://nvdatabase.swarthmore.edu/content/thai-students-overthrow-military-thanom-regime-1973.

Asia Highlights. "Sukhothai Kingdom". Asia Highlights. May 28, 2020. Consultado en diciembre 2020. https://www.asiahighlights.com/thailand/sukhothai-kingdom.

Asiaweek. "Newsmakers". *Asiaweek*, July 30, 2000.

https://web.archive.org/web/20060322141459/http://www.pathfinder.com/asiaweek/magazine/2000/0630/newsmakers.html.

BBC. "Kneeling before a King: The Moment That Shook a Nation". *BBC*, October 13, 2016. Consultado en enero 2021. https://www.bbc.com/news/world-asia-37650466.

BBC. "Thailand Profile - Timeline". BBC News. March 7, 2019. Consultado en diciembre 2020. https://www.bbc.com/news/world-asia-15641745.

Bentley, R. Alexander, Michael Pietrusewsky, Michele T. Douglas, and Tim C. Atkinson. "Matrilocality during the Prehistoric Transition to Agriculture in Thailand?: Antiquity". Cambridge Core. March 10, 2015. Consultado en diciembre 2020. https://www.cambridge.org/core/journals/antiquity/article/matrilocality-during-the-prehistoric-transition-to-agriculture-in-thailand/641E2C761F097C80C13C153698AE9599.

Britannica, T. Editors of Encyclopedia. "Khmer". Encyclopedia Britannica. April 18, 2020. Consultado en diciembre 2020. https://www.britannica.com/topic/Khmer.

Britannica, The Editors of Encyclopedia. "Sukhothai Kingdom". Encyclopedia Britannica. April 10, 2009. Consultado en diciembre 2020. https://www.britannica.com/place/Sukhothai-kingdom.

Britannica, The Editors of Encyclopedia. "Lan Na". Encyclopedia Britannica. April 02, 2009. Consultado en diciembre 2020. https://www.britannica.com/place/Lan-Na.

Britannica, The Editors of Encyclopedia. "Tai". Encyclopedia Britannica. July 7, 2011. Consultado en diciembre 2020. https://www.britannica.com/topic/Tai-people.

Britannica, The Editors of Encyclopedia. "Ayutthaya". Encyclopedia Britannica. August 18, 2015. Consultado en diciembre 2020. https://www.britannica.com/place/Ayutthaya-Thailand.

Britannica, The Editors of Encyclopedia. "Toungoo Dynasty". Encyclopedia Britannica. August 8, 2017. Consultado en diciembre 2020. https://www.britannica.com/topic/Toungoo-dynasty.

Britannica, The Editors of Encyclopedia. "Chakkri Dynasty". Encyclopedia Britannica. April 26, 2017. Consultado en diciembre 2020. https://www.britannica.com/topic/Chakkri-dynasty.

Britannica, The Editors of Encyclopedia. "Dvaravati". Encyclopedia Britannica. May 29, 2018. Consultado en diciembre 2020. https://www.britannica.com/place/Dvaravati.

Britannica, The Editors of Encyclopedia. "Baht". Encyclopedia Britannica. September 23, 2019. Consultado en enero 2021. https://www.britannica.com/topic/baht.

Britannica, The Editors of Encyclopedia. "Mon". Encyclopedia Britannica. April 18, 2020. Consultado en diciembre 2020. https://www.britannica.com/topic/Mon-people.

Britannica, The Editors of Encyclopedia. "Ramkhamhaeng". Encyclopedia Britannica. Diciembre 2020. Consultado en diciembre 2020. https://www.britannica.com/biography/Ramkhamhaeng.

Britannica, The Editors of Encyclopedia. "Naresuan". Encyclopedia Britannica. Diciembre 2020. Consultado en diciembre 2020. https://www.britannica.com/biography/Naresuan.

Britannica, The Editors of Encyclopedia. "Trailok". Encyclopedia Britannica. Diciembre 1, 2020. Consultado en diciembre 2020. https://www.britannica.com/biography/Trailok.

Britannica, The Editors of Encyclopedia. "Hsinbyushin". Encyclopedia Britannica. 2020. Consultado en diciembre 2020. https://www.britannica.com/biography/Hsinbyushin.

Britannica, The Editors of Encyclopedia. "Taksin". Encyclopedia Britannica. April 13, 2020. Consultado en diciembre 2020. https://www.britannica.com/biography/Taksin.

Britannica, The Editors of Encyclopedia. "Rama I". Encyclopedia Britannica. September 3, 2020. Consultado en diciembre 2020. https://www.britannica.com/biography/Rama-I.

Britannica, The Editors of Encyclopedia. "Rama II". Encyclopedia Britannica. July 17, 2020. Consultado en diciembre 2020. https://www.britannica.com/biography/Rama-II.

Britannica, The Editors of Encyclopedia. "Rama III". Encyclopedia Britannica. March 29, 2020. Consultado en diciembre 2020. https://www.britannica.com/biography/Rama-III.

Britannica, The Editors of Encyclopedia. "Mongkut". Encyclopedia Britannica. October 14, 2020. Consultado en diciembre 2020. https://www.britannica.com/biography/Mongkut.

Britannica, The Editors of Encyclopedia. "Chulalongkorn". Encyclopedia Britannica. October 19, 2020. Consultado en diciembre 2020. https://www.britannica.com/biography/Chulalongkorn.

Britannica, The Editors of Encyclopedia. "Somdet Chao Phraya Si Suriyawong". Encyclopedia Britannica. Diciembre 2020. Consultado en diciembre 2020.

https://www.britannica.com/biography/Somdet-Chao-Phraya-Si-Suriyawong.

Britannica, The Editors of Encyclopedia. "Vajiravudh". Encyclopedia Britannica. 2020. Consultado en diciembre 2020. https://www.britannica.com/biography/Vajiravudh.

Britannica, The Editors of Encyclopedia. "Prajadhipok". Encyclopedia Britannica. November 4, 2020. Consultado en diciembre 2020. https://www.britannica.com/biography/Prajadhipok.

Britannica, The Editors of Encyclopedia. "Pridi Phanomyong". Encyclopedia Britannica. May 7, 2020. Consultado en diciembre 2020. https://www.britannica.com/biography/Pridi-Phanomyong.

Britannica, The Editors of Encyclopedia. "Luang Phibunsongkhram". Encyclopedia Britannica. July 10, 2020. Consultado en diciembre 2020. https://www.britannica.com/biography/Luang-Phibunsongkhram.

Britannica, The Editors of Encyclopedia. "Ananda Mahidol". Encyclopedia Britannica.

September 16, 2020. Consultado en enero 2021. https://www.britannica.com/biography/Ananda-Mahidol.

Britannica, The Editors of Encyclopedia. "Sarit Thanarat". Encyclopedia Britannica. Diciembre 4, 2020. Consultado en enero 2021. https://www.britannica.com/biography/Sarit-Thanarat.

Britannica, The Editors of Encyclopedia. "Thanom Kittikachorn". Encyclopedia Britannica. August 7, 2020. Consultado en enero 2021. https://www.britannica.com/biography/Thanom-Kittikachorn.

Britannica, The Editors of Encyclopedia. "Chuan Leekpai". Encyclopedia Britannica. July 24, 2020. Consultado en enero 2021. https://www.britannica.com/biography/Chuan-Leekpai.

Britannica, The Editors of Encyclopedia. "Thaksin Shinawatra". Encyclopedia Britannica. July 22, 2020. Consultado en enero 2021. https://www.britannica.com/biography/Thaksin-Shinawatra.

Chemical Engineering Kmutt. "KING RAMA III [Nang Klao] 1824 – 1851". Arts Kmutt. 2004. Consultado en diciembre 2020. http://arts.kmutt.ac.th/lng104/lng104_2003/g5/BIOGRAPHY of King RAMA III.htm.

Court of Justice Thailand. "History of the Court of Justice". Court of Justice Thailand. 2020. Consultado en diciembre 2020. https://www.coj.go.th/th/content/page/index/id/91989.

Devex. "Ministry of Interior (Thailand)". Devex. 2021. Consultado en enero 2021. https://www.devex.com/organizations/ministry-of-interior-thailand-135202.

Erlanger, Steven. "Thailand Seeks to Shape a 'Golden Peninsula'". *The New York Times*, April 30, 1989. Consultado en enero 2021. https://www.nytimes.com/1989/04/30/world/thailand-seeks-to-shape-a-golden-peninsula.html.

Google Arts & Culture. "Rama III". Google. 2020. Consultado en diciembre 2020.

https://artsandculture.google.com/entity/rama-iii/m01cy0z?hl=en.

Government of Singapore. "Bowring Treaty Signed with Bangkok". History SG. August 1, 2019. Consultado en enero 2021. https://eresources.nlb.gov.sg/history/events/ae996879-bb92-4dab-a62b-594824b803e6.

Hafner, J. A., Keyes, Charles F. Keyes, and Jane E. "Thailand". Encyclopedia Britannica. Enero 24, 2021. Consultado en diciembre 2020. https://www.britannica.com/place/Thailand.

Hamilton, Elizabeth. "Bronze from Ban Chiang, Thailand: A View from the Laboratory".

Expedition Magazine Bronze from Ban Chiang Thailand A View from the Laboratory

Comments. July 15, 2001. Consultado en diciembre 2020.

https://www.penn.museum/sites/expedition/bronze-from-ban-chiang-thailand/.

Hays, Jeffrey. "Ancient History of Thailand, Origin of the Thais and the Thai Name and World's First Bronze Age Culture". Facts and Details. May 2014. Consultado en diciembre 2020.
http://factsanddetails.com/southeast-asia/Thailand/sub5_8a/entry-3184.html.

Hays, Jeffrey. "Military Rule in Thailand after World War II". Facts and Details. May 2014. Consultado en enero 2021.
http://factsanddetails.com/southeast-asia/Thailand/sub5_8a/entry-3189.html.

Hays, Jeffrey. "Thailand in the 1990s: The 1992 Demonstrations, Short-Lived Leaders and the 1997 Asian Financial Crisis". Facts and Details. May 2014. Consultado en enero 2021.
http://factsanddetails.com/southeast-asia/Thailand/sub5_8a/entry-3193.html.

Hays, Jeffrey. "Sukhothai and Early Thai Kings". Facts and Details. August 2020. Consultado en diciembre 2020.
http://factsanddetails.com/southeast-asia/Thailand/sub5_8a/entry-3185.html.

Hollar, Sherman. "Samak Sundaravej". Encyclopedia Britannica. November 20, 2020. Consultado en enero 2021.
https://www.britannica.com/biography/Samak-Sundaravej.

Hulme, Kyle. "This Is How Thailand Really Got Its Name". Culture Trip. March 10, 2018. Consultado en diciembre 2020. https://theculturetrip.com/asia/thailand/articles/land-of-the-free-how-thailand-got-its-name/.

Insight Guides. Insightguides.com. 2020. Consultado en diciembre 2020.

https://www.insightguides.com/destinations/asia-pacific/thailand/historical-highlights.

Institute for Southeast Asian Archaeology. "The Ban Chiang Project". Institute for Southeast Asian Archaeology ISEAA. 2018. Consultado en diciembre 2020. https://iseaarchaeology.org/ban-chiang-project/background/.

Institute for Southeast Asian Archaeology. "The Ban Chiang Project - METALS MONOGRAPH". Institute for Southeast Asian Archaeology ISEAA. 2018.

Lim, Eric. "Phibun Songkhram - the Master of the Coup D'état". Tour Bangkok Legacies. 2018. Consultado en enero 2021. https://www.tour-bangkok-legacies.com/phibun-songkhram.html.

Lim, Eric. "Pridi Banomyong the Father of Thai Democracy". Tour Bangkok Legacies. 2020. Consultado en enero 2021. https://www.tour-bangkok-legacies.com/pridi-banomyong.html.

Lithai, Frank Reynolds, and Mari B. Reynolds. *Three Worlds According to King Ruang, a Thai Buddhist Cosmology.* Berkeley, CA: Center for South and Southeast Asian Studies, University of California., 1982.

Lonely Planet. "Thailand in Detail". Lonely Planet. August 21, 2019. Consultado en diciembre 2020. https://www.lonelyplanet.com/thailand/narratives/background/history.

Mishra, Patit Paban. *The History of Thailand.* Santa Barbara, CA: Greenwood, 2010.

Mudar, Karen M. *Evidence for Prehistoric Dryland Farming in Mainland Southeast Asia: Results of Regional Survey in Lopburi Province, Thailand.* Report. University of Hawai'i Press (Honolulu). 1995.

Muntarbhorn, Vitit. "Lessons of 'Black May' 1992 and the 2006 Coup". *Bangkok Post*, May 23, 2014. Consultado en enero 2021. https://www.bangkokpost.com/opinion/opinion/411309/lessons-of-black-may-1992-and-the-2006-coup.

Nationsonline.org, Klaus Kästle. "History of Thailand". History of Thailand. 2020. Consultado en diciembre 2020. https://www.nationsonline.org/oneworld/History/Thailand-history.htm.

Phattanarat, Siwanit. "Cradle of the Thai Nation: Sukhothai, the Dawn of Happiness". Thailand Guide. Enero 2003. Consultado en diciembre 2020. http://www.thailand-guide.com/benjarong/beyondphuket/sukhothai.htm.

Pike, John. "Thailand - Thonburi Period (1767-1782)". Global Security. August 4, 2012.

Consultado en diciembre 2020. https://www.globalsecurity.org/military/world/thailand/history-thonburi.htm.

Plengmaneepun, Suphaphan. "Thisrupt History: How the Cholera Outbreak Came from an Evil Spirit and Became a Name-calling Insult". Thisrupt. March 16, 2020. Consultado en diciembre 2020. https://thisrupt.co/society/thisrupt-history-cholera-insult.

Renown Travel. "Sukhothai Kingdom History". History of the Sukhothai Kingdom. 2020. Consultado en diciembre 2020. https://www.renown-travel.com/historicalsites/sukhothai/history.html.

Royal Thai Consulate. "Thailand History". Royal Thai Consulate General, Hong Kong. 2020. Consultado en diciembre 2020. http://www.thai-consulate.org.hk/webroot/ENG/Thailand/History1.htm.

Smith, Brian K., J.A.B. Van Buitenen, Wendy Doniger, Vasudha Narayanan, Edward C. Dimock, Arthur Llewellyn Basham, and Ann G. Gold. "Hinduism". Encyclopedia Britannica. November 30, 2020. Consultado en diciembre 2020.
https://www.britannica.com/topic/Hinduism.

Stowe, Judy. "Obituary: Seni Pramoj". *Independent*, July 29, 1997. Consultado en enero 2021.
https://www.independent.co.uk/news/people/obituary-seni-pramoj-1253268.html.

The New York Times. "New Thai Premier Named as Students Battle Troops". *The New York Times*, October 15, 1973.
https://www.nytimes.com/1973/10/15/archives/new-thai-premier-named-as-students-battle-troops-student-rioting.html.

The New York Times. "Another Coup in Thailand". *The New York Times*, October 21, 1977. Consultado en enero 2021.
https://www.nytimes.com/1977/10/21/archives/another-coup-in-thailand.html.

The Phra Racha Wang Derm Restoration Foundation. "King Taksin The Great". King Taksin. 2013. Consultado en diciembre 2020.
http://www.wangdermpalace.org/King Taksin.html.

The Times. "General Kriangsak Chomanan". *The Times*, enero 22, 2004. Consultado en enero 2021.
https://www.thetimes.co.uk/article/general-kriangsak-chomanan-jnxhzflxncv.

Tim's Thailand. "About the Ramkhamhaeng Inscription". Tim's Thailand. May 8, 2018. Consultado en diciembre 2020.
https://www.timsthailand.com/about-ramkhamhaeng-inscription/.

Tourism Authority of Thailand. "The King Taksin Shrine". The Official Website of Tourism Authority of Thailand. 2020. Consultado en diciembre 2020. https://www.tourismthailand.org/Attraction/the-king-taksin-shrine.

TravelOnline. "Thailand Culture & History". TravelOnline. 2020. Consultado en diciembre 2020. https://www.travelonline.com/thailand/history.

U.S. Embassy & Consulate in Thailand. "Policy & History". U.S. Embassy & Consulate in

Thailand. November 19, 2019. Consultado en enero 2021. https://th.usembassy.gov/our-relationship/policy-history/.

UNESCO World Heritage Centre. "The King Ram Khamhaeng Inscription". The King Ram Khamhaeng Inscription | United Nations Educational, Scientific and Cultural Organization. 2017. Consultado en diciembre 2020. http://www.unesco.org/new/en/communication-and-information/memory-of-the-world/register/full-list-of-registered-heritage/registered-heritage-page-8/the-king-ram-khamhaeng-inscription/.

UNESCO World Heritage Centre. "Ban Chiang Archaeological Site". UNESCO World Heritage Centre. 2020. Consultado en diciembre 2020. https://whc.unesco.org/en/list/55/.

Vandenberg, Tricky. "History of Ayutthaya - Historical Events - Timeline 1300-1399".

Ayutthaya History. 2020. Consultado en diciembre 2020. https://www.ayutthaya-history.com/Historical_Events13.html.

Wiener, James Blake. "Sukhothai". Ancient History Encyclopedia. October 12, 2018. Consultado en diciembre 2020. https://www.ancient.eu/Sukhothai/.

Wyatt, David K. *Thailand: A Short History*. New Haven, CT: Yale University Press, 2004.

สารนิเทศสัมพันธ์ มหาวิทยาลัยรามคำแหง. "The Inscription of King Ramkamhaeng the Great".

ตะไ ฆ 1. 2020. Consultado en diciembre 2020. http://www.info.ru.ac.th/province/Sukhotai/srjsd11-4en.htm.

www.ingramcontent.com/pod-product-compliance
Lightning Source LLC
LaVergne TN
LVHW011844060526
838200LV00054B/4163